抉择

鼎革之际的历史与人

DECISION

THE HISTORY
AND INDIVIDUALS DURING
THE REVOLUTION

解玺璋 著

天地出版社 | TIANDI PRESS

图书在版编目（CIP）数据

抉择：鼎革之际的历史与人 / 解玺璋著. -- 成都：天地出版社，2020.4
ISBN 978-7-5455-5378-9

Ⅰ.①抉… Ⅱ.①解… Ⅲ.①知识分子—人物研究—中国 Ⅳ.①K825.4

中国版本图书馆CIP数据核字(2019)第283091号

JUEZE DINGGEZHIJI DE LISHIYUREN
抉择：鼎革之际的历史与人

出品人	陈小雨　杨　政
作　者	解玺璋
责任编辑	柳　媛　王子文
封面设计	unlook·@广岛Alvin
内文制作	常　亭
责任印制	董建臣

出版发行	天地出版社
	（成都市槐树街2号 邮政编码：610014）
	（北京市方庄芳群园3区3号 邮政编码：100078）
网　址	http://www.tiandiph.com
电子邮箱	tianditg@163.com
经　销	新华文轩出版传媒股份有限公司

印　刷	北京文昌阁彩色印刷有限责任公司
版　次	2020年4月第1版
印　次	2020年4月第1次印刷
开　本	880mm×1230mm 1/32
印　张	9
字　数	169千字
定　价	58.00元
书　号	ISBN 978-7-5455-5378-9

版权所有◆违者必究

咨询电话：(028)87734639（总编室）
购书热线：(010)67693207（营销中心）

本版图书凡印刷、装订错误，可及时向我社营销中心调换

目录

序：至暗时刻的君子之道 / 余世存　　i

陈寿：非实录无以称良史　　001
刘秉忠：北京城第一设计师　　015
马致远：白头仍写颂圣诗　　027
雨疾荷残说老莲　　039
傅山：至死不渝的不合作主义　　055
李贽：中国的路德？　　071
黄宗羲：三百年前的中国《人权宣言》　　093
吕留良：坚守中方显儒生本色　　109
光绪皇帝要求群臣读的是部什么书？　　125
怎样评价康、梁在戊戌变法中的作用？　　143
戊戌风云中的徐世昌　　161
清廷末日中的徐世昌　　185
严复列名筹安会别议　　201
俞理初：故纸堆里的思想风暴　　215
吕碧城拒绝秋瑾为哪般？　　235
一场诉讼：百年之后再评说　　245

后记　　272

序：至暗时刻的君子之道

一

《抉择：鼎革之际的历史与人》是解玺璋先生的历史人物随笔，以元明清三代和民国人物为主，从刘秉忠、马致远、李贽、黄宗羲、吕留良到严复、林纾、徐世昌，也有远到三国时代的陈寿。十几个人物不算知识人研讨写作的焦点巨星，但也都足够重要。玺璋先生相当于为每个人做了一篇专题传记，切入点在于历史转折之际的个人选择。

本书中的人物，要么面临王朝的鼎革，要么面临华夷之辩、中西之争，他们在历史巨变之际的认知和选择多有不同。尽管今人对历史目的和历史审判抱持怀疑，但玺璋先生证实，历史人物仍受制于历史。诚然，"我死后，哪管洪水滔天"，但有人虽死犹生、有人虽生犹死是我们历史至今不虚的真实。

玺璋先生为一些历史人物做过辩诬，比如黄宗羲的《明夷待访录》不是为等待康熙等当政者访求所写，比如严复参加"筹安会六君子"有其不得已的苦衷……严复的事尤其值得一书，用我们今天的话说，严复只是因为思想接近，被杨度等人利用，还没听到杨度等人招呼，自己就被登报列名了。严复当时有过辩解，说自己"复纵百口，岂能自辩？"。这一事实说明，严复即使思想上趋于保守了，但在操作层面，他是明白是非的。洪宪闹剧失败后，严复认为，袁不能退位，这对当时的中国极其重要，也说明他是懂得现实利害的。

用哲人的话来说，世界的历史就是世界的法庭。对中国这样一个以历史为宗教、讲究慎终追远文化的国度来说，历史进程往往有着法庭审判的功能。故我们经常面临历史的反动之举，在反动派们不以为是反动，反而自得地以为跟上了历史、创造着历史的时候，中国文化、世道人心仍在施行其审判功能，审判这些跳梁小丑。严复"躺枪"固然冤枉，但他当时保守得有暮气，为了子女前途而跟官场走得近，"躺枪"也是其来有自。

这类逃不过"历史审判"的人还有很多。比如陈寿，尽管他有"良史之才"，尽管他个人跟诸葛亮有私仇并且值得同情，但他在写史时歪曲史实、回避史实却是一个为当时和后世所诟病的事，人们甚至批评他"循魏晋之私意，废史家之公法"。玺璋先生也认为，陈寿丢弃了史家的良知和责任，其写作成了著史为政治服务的先例。

由此可见，无论历史如何发展，当事人如何委屈，我们中国人对历史人物的评价是一以贯之的。跟今天拜物教、成功主义流行的看法相反，中国文化不是势利的，中国文化看待人，仍着眼于人的伦理责任。陈寿们也许以为历史是由"胜利者"或活到最后者来写的，但事实上，我们的历史自有书法。

二

通读全书，最让我感慨的是，无论历史被后人如何悲悯或者否定，无论元明清三代以来的历史多么混乱而缺乏确定性，并让文化人难以得到安顿，我们的文化都还有不曾被埋没的价值参照，都还在赋予历史人物以生命的能量。元明清三代的历史之所以让我们感慨无尽，因为它不仅是经常面临异族入侵、异族入主的时代，而且是中华传统文化的衰败时代。这样的时代之"穷"已经不是孟子意义上的"穷"，"穷则独善其身"，而是文天祥意义上的"穷"，"时穷节乃现"。

因此，在生死存亡的关头，我们的文化也赋予了个人选择的最高价值——气节，也就是《易经》所说的"天地闭，贤人隐""君子之道，或出或处，或默或语"，就是孔子孟子们一再强调的，"天下有道则现，无道则隐""天下有道，以道殉身；天下无道，以身殉道"。玺璋先生在本书中撰写了不少历史巨变之际的中国君子。中国君子在文化的上升期曾经跟政道合作，甚至参与政道；但在衰败期，在穷窘之时，中国君子需要表现退藏的一面。这就是黄宗羲从"明夷"中看到的,"内文明而外柔顺""内难而能正其志"。

这个"或处或默"的君子之道,就是从汤显祖、徐文长、李贽到曹雪芹们的选择,是旁观者、边缘者编织的想象之梦和美丽之梦。当然,最为极端的,莫过于在中国的土地上、在中国的历史里活出了"遗民"。本书中的陈洪绶、傅山、黄宗羲、吕留良们,就是历史大潮中的遗民,他们有的人曾经为自己没能及时死掉而觉得羞耻、后悔,有的人因为时代污浊而想办法洗净自己,但他们活着本身就是有意义的,就是有性格的君子,对当时的社会进行着打量和审判。因此,"遗民"如同现代意义上的知识分子,是弱者,是文化的守望者,更是现实社会的批判者。尽管在当时,绝大多数人都合作了,都"与时俱进"了,遗民们的坚守越来越无望甚至没有了意义,但历史地看,正是这些遗民激活了中国的君子之道,百年千年以降,我们回望那些历史上的鼎革时代,依然能感受到遗民们悲怆、清瘦的面容,依然能感受到那种撼人心魂的文化和美的力量。

这是弱者的力量。"弱者道之用""人之生也柔弱,其死也坚强"。一代大儒刘宗周就是这样。清军南下,浙省降清,刘恸哭说,"此余正命之时也",终于"绝食二十日而卒"。陈洪绶的朋友王毓蓍有自知之明,他认为,在改朝换代之际,像他这样的声色中人要守住气节就不能苟活。有一天,他把所有的朋友请来欢聚,酒足饭饱之后,出门"投柳桥下,先宗周一月死"。

活下来的人也多活得并不踏实,他们或处于天人交战的心结中难以自拔,或为现实的污泥浊水所沾染。如陈洪绶为了躲避清军的追捕及避免剃发的耻辱,在诸暨(今浙江绍兴市)的云门寺落发为僧。但佛门的清静并不能使他的内心平静下来,他改号悔迟、悔僧。如傅山 70 多岁了,还被朝廷要求到京城考试,他住在崇文门外一个荒寺(圆教寺)中,准备以死殉节。老朋友都察院左都御史魏象枢为他求情,希望朝廷免试,授予他内阁中书之职,皇上同意;大学士冯溥(益都)要求他必须向皇帝谢恩,即使病了也要谢恩。此时的傅山已绝食七天,不能动,冯"乃强使人舁以入。望见午门,泪涔涔下。益都强掖之使谢,则仆于地。蔚州(魏象枢)进曰:'止!止!是即谢矣!'"。

只有少数如黄宗羲、吕留良那样的人仍在"折腾",他们之所以能够"安顿"下来,是因为他们怀有幻想般的希望,驱使自己去研读、创造学术思想体系、带出弟子。我曾经说:"民族血脉的新旧交替,这惊遽的时刻总要有人来表现,有人选择了表现;这惊遽的时刻过后总要有人去承担,有人选择了承担。"殉节者表现,遗民们承担。

三

也许,我们无法以历史的理性来苛求前贤,他们身在局中,未必明了自己在历史中的角色,他们之中的很多人甚至怀疑自己的价值。一度安顿的黄宗羲到晚年发现自己原来是脆弱的,支持他的"向后二十年交入'大壮'"的历史假设,已经被历史证伪,他因此感叹,"十二运之言,无乃欺人"。

从某种意义上说,这些遗民"死不瞑目"。他们没有看透,更没有破局。这不妨碍他们以各种方式哪怕以弱者的方式表达自己存在的尊严,无论是傅山、黄宗羲还是吕留良们都多少挑战了主流,挑战了这个历史和现实的迷局。

看透了的人同样面临着尖锐的问题——他还在这个局里,他该怎么办?比如本书中写到的马致远,就是一个非常复杂的人。年轻的时候,他在皇帝身边,写过"祝吾皇万万年,镇家邦万万里。八方齐贺当今帝,稳坐盘龙亢金椅"这类歌功颂德的谀辞;而到了晚年,他居然还写了"至治华夷,正堂堂大元朝世""圣明皇帝,大元洪福与天齐"。而马致远是自以为看破了的,他的作品多有思想性和艺术性高度结合的经典,如他的《【夜航船】秋思》,"百岁光阴一梦蝶,重回首往事堪嗟。今日春来,明朝花谢。急罚盏夜阑灯灭。想秦宫汉阙,都做了衰草牛羊野。不恁么渔樵没话说。纵荒坟横断碑,不辨龙蛇。投至狐踪与兔穴,多少豪杰。鼎足虽坚半腰里折,魏耶?晋耶?……何年是彻?看密匝匝蚁排兵,乱纷纷蜂酿蜜,急攘攘蝇争血",堪称是对中国历史和中国生活的见道之作。他确实看透了,但他为什么献媚权力?玺璋先生说,"我们只能用文人的复杂性来解释这种难以理解的现象"。

身在局中的中国人一般难以看透历史,包括一些文化遗民在内，但看透的人又多如马致远一样逃避责任、游戏人生。因此，历史写作的目的也在于校正历史进程的不足，代历史进行审判。当我们知道马致远的卑污文字时，会心生距离甚至厌恶。这就是历史和人性的现身。

当然，还有一些看透的人，他们登上了历史的彼岸，但他们还要在局中等待正命之日，如严复，作为启蒙思想的先驱，他早已明白我们文化和强势文化的差异，但他不得不看着自家文化衰败、沉沦。这就是"既登彼岸舍舟楫，再入轮回做众生"。

四

在衰败期，在文化被政治、经济革命的时代，在权钱阔者凯歌高进、拜物教盛行的时代，文化的命运最为难堪。世道人心的演进与自己无关，华夏民族的当代史与文化无关。除了殉道者、遗民们表现气节，时代和社会的边缘者还能有什么作为？

那就是回到众生中去。正如龚自珍意识到的，"东山妓即是苍生"。龚自珍们还意识到，历史的发动机不再由达官贵人担当，而是转向山民、海客，到了"日之将夕，悲风骤至"的"昏时"，将有"山中之民"起来，一啸百吟，"有大音声起，天地为之钟鼓，神人为之波涛矣"。

这种做众生的事业，能够创造出惊天而感人的历史。因此，马致远们顶多是大读者，把作家和历史的真实读出来了一些，但傅山、黄宗羲、龚自珍、严复们才是大作者，是历史的推手。他们在历史巨变的重大关口，"或出或处"地创造着历史，他们的作品也确实为后来人提供了丰沛的精神和思想资源。

即使不用百年千年的眼光，就拿我们今时今日的感觉来衡量，今天的中国人同样处在历史的转折点上，我们身在局中。我们看透了吗？我们能破局吗？相信本书中的诸多人物能够供我们参考，他们的抉择在今天仍有启示意义。

余世存

2019 年 11 月 22 日写于北京

陈寿：非实录无以称良史

如果说《三国志》尊魏抑蜀,

以曹魏为正统,

那么,

《汉晋春秋》则尊蜀抑魏,

以蜀汉为正统。

这正是《汉晋春秋》虽早已亡佚,

而尤为后世史学家看重的主要原因。

史家治史，最高的品格和精神境界是秉笔直书，实录真相。历史上，直书和实录的精神品格也为人们津津乐道。坚持要为"赵盾弑其君"记下一笔的董狐，便是其中的一位，孔夫子曾夸奖他"古之良史也，书法不隐"[1]。司马迁的名气则更大些，时贤刘向、扬雄都称赞他"有良史之材，服其善序事理，辩而不华，质而不俚，其文直，其事核，不虚美，不隐恶，故谓之实录"[2]，可谓史家直书之典范，历来为世人所推崇。

历史上，陈寿的"良史之材"也曾得到多数史家的认可[3]。在一些人看来，他撰写的《三国志》，影响直逼司马迁的《史记》，超过了班固的《汉书》。《晋书·陈寿传》就称赞他"辞多劝诫，明乎得失，有益风化，虽文艳不若相如，而质直过之"[4]。司空张华爱其才，甚至想把修撰《晋书》的重任托付给他。但是，有些做法似乎也让这位"良史"蒙羞。

有两件不太光彩的事，都见于《晋书·陈寿传》。一件是陈寿曾找到丁仪的儿子，对他说，你如果能带着千斛米来见

---

1 杨伯峻编著：《春秋左传注·宣公二年》，中华书局1990年5月版，662—663页。
2 [汉]班固撰：《汉书》卷六十二，司马迁传第三十二，第九册，中华书局1962年6月版，2738页。
3 [唐]房玄龄等撰：《晋书》卷八十二，列传第五十二陈寿，中华书局1974年11月版，2137页。
4 [唐]房玄龄等撰：《晋书》卷八十二，列传第五十二陈寿，中华书局1974年11月版，2138页。

我，我可以作一篇赞美你父亲的传记。一斛等于一石，即十斗，一百二十斤，千斛就是十二万斤，这并不是个小数目。丁仪的儿子拒绝了他的要求，他居然真就没有为丁氏兄弟立传。丁仪是东汉时期的名士，有才学，诗也写得好，曹操很想把女儿嫁给他，但由于曹丕反对，这门亲事最终未成，事后曹操还有些后悔。丁仪还有个兄弟丁廙，他们与曹植走得很近，常与杨修在曹操面前为曹植说好话，主张立曹植为太子。曹操死后，曹丕继任为魏王，将丁仪、丁廙兄弟二人及两家男子全部处死。这样的人物是否应该入传，固然可以商量，清代史学家潘眉、王鸣盛就认为，丁氏兄弟的作为是不值得入传的。[1]但如果不作传是因为不贿赂，这绝非"良史"应有的态度。

另一件事关系到诸葛亮。陈寿的父亲在马谡手下任参军，马谡失街亭，被诸葛亮所杀，陈寿的父亲也因此受到牵连，被处以髡刑，即剃去头发。髡刑对人是一种羞辱，这使得陈寿心生芥蒂。诸葛亮之子诸葛瞻又不大看得起陈寿。于是，陈寿在为诸葛亮作传时，便说他无将才，而且批评诸葛瞻死读书，没有真才实学，名不副实。

---

[1] [清]潘眉（1771—1841），清代江苏吴江人，他在《三国志考证》中指出："丁仪、丁廙，官不过右刺奸掾及黄门侍郎，外无摧锋接刃之功，内无升堂庙胜之效，党于陈思王，冀摇冢嗣，启衅骨肉，事既不成，刑戮随之，斯实魏朝罪人，不得立传明矣。"[清]王鸣盛（1722—1797），清代江苏嘉定人，他在《十七史商榷》中指出："丁仪、丁廙巧佞之犹，安得立传？"

不过，关于这两件事的真实性，历史上许多史家是存疑的，《廿二史札记》的作者赵翼就认为，根据这种传闻就断定陈寿低估了诸葛亮的军事才能，是"真不识轻重者"的"无识之论"[1]。当年，房玄龄采用这些传闻入《晋书》时，似乎也不能确定其真伪，所以用了"或云"这样含糊其词的说法。但唐代《史通》的作者刘知几却不肯原谅陈寿，他在《曲笔》篇中对"班固受金而始书，陈寿借米而方传"提出严厉批评，认为是"记言之奸贼，载笔之凶人，虽肆诸市朝，投畀豺虎可也"[2]。话说得很不客气，一点儿余地不留，令人很有些诧异，不知所为者何。如果只是"借米而方传"，是不是有点儿小题大做？

近日读了柯美成先生汇校的《汉晋春秋通释》，于是，我对刘知几的态度似乎多了一些理解。《汉晋春秋》是东晋史学家习凿齿的成名作，至五代、北宋时或已亡佚，只有清人辑本和今人校补本行世。《汉晋春秋通释》就是在前人辑佚、校勘的基础上，对佚文所做的补充和笺注。通过对相关史料的爬梳整理，那些残留下来的几十字、百余字，最多不过几百字的片段佚文，得以扩充为较为完整可观的叙事，使消失的历史真相在一定程度上得到了复原。《汉晋春秋》的叙事时

---

1 [清]赵翼著，董文武译注：《廿二史札记》，中华书局2008年9月版，111页。
2 [唐]刘知几著，姚松、朱恒夫译注：《史通全译》（上），贵州人民出版社1997年1月版。

间，始于汉光武帝，终于西晋愍帝，三国时期自然也包括其中。而此书与《三国志》的最大区别就在于，作者在讲述三国故事时，叙事角度及态度与陈寿完全不同。如果说《三国志》尊魏抑蜀，以曹魏为正统，那么，《汉晋春秋》则尊蜀抑魏，以蜀汉为正统。这正是《汉晋春秋》虽早已亡佚，而尤为后世史学家看重的主要原因。

刘知几说："习凿齿之撰《汉晋春秋》，以魏为伪国者，此盖定邪正之途，明顺逆之理耳。"[1]这番话可以看作是儒家正统史观的经典表达。对我们来说，蜀汉曹魏究竟谁应该被视为正统，固然已不再成为问题，但在当时，却是一个十分严峻而难以回避的问题。曹氏在前，司马氏在后，开了一个很恶劣的先例。魏晋以降，各方蹈曹氏故步，权臣拥兵自重，窃据要津，觊觎非望，宋、齐、梁、陈，篡弑相仍，皆以禅受为辞，祸延数世，流毒无穷。然而，恰恰在这个问题上，陈寿未能实录直书，对汉末重大史实或曲笔隐讳，或文过饰非，造成了极为恶劣的影响。虽然，清代赵翼作《廿二史札记》，曾为陈寿辩诬，认为他不会"以父被髡之故"而贬损诸葛亮，但他也不得不承认，"寿于司马氏最多回护，故亮遗懿巾帼，及'死诸葛走生仲达'等事，传中皆不敢书"[2]。习凿齿

---

[1] ［唐］刘知几著，姚松、朱恒夫译注：《史通全译》（上），贵州人民出版社1997年1月版，422页。

[2] ［清］赵翼著，董文武译注：《廿二史札记》，中华书局2008年9月版，111页。

身后数十年，刘宋时有范晔著《后汉书》，范晔在记述汉末重大史实的时候，也试图纠正陈寿的曲笔回护之词，以求传信史于后世。赵翼在《廿二史札记》中还专门写了《后汉书三国志书法不同处》一节，对二者的记述加以比较，其中写道：

> 陈寿《魏纪》书天子以公领冀州牧，蔚宗（范晔字）《献帝纪》则曰曹操自领冀州牧。《魏纪》，汉罢三公官，置丞相，以公为丞相，《献纪》则曰曹操自为丞相。《魏纪》，天子使郗虑策命公为魏公，加九锡，《献纪》则曰曹操自立为魏公，加九锡。《魏纪》，汉皇后伏氏坐与父完书，云帝以董承被诛怨恨公，后废黜死，兄弟皆伏法，《献纪》则曰曹操杀皇后伏氏，灭其族及其二子。《魏纪》，天子进公爵为魏王，《献纪》则曰曹操自进号魏王。……至禅代之际，《魏纪》书汉帝以众望在魏，乃召群公卿士，使张音奉玺绶禅位，《献纪》则曰魏王丕称天子，奉帝为山阳公。他如董承、孔融等之诛，皆书操杀。此史家正法也。[1]

于是，赵翼更进一步指出："自陈寿作《魏本纪》，多所回护，凡两朝革易之际，进爵封国，赐剑履，加九锡，以及禅位，有诏有策，竟成一定书法。以后宋、齐、梁、陈诸书

---

1 [清]赵翼：《廿二史札记》卷六，转引自[晋]习凿齿著，[清]汤球、[清]黄奭辑佚，柯美成汇校通释：《汉晋春秋通释》，人民出版社2015年7月版，16页。

悉奉为成式，直以为作史之法固应如是。然寿回护过甚之处，究有未安者。"[1]陈寿这样做的目的，无非是为曹魏代汉寻求所谓合法性与正当性罢了。不过，"刘氏之德未泯，忠义之徒未尽，何言其亡也？汉苟未亡，则魏不可取。今以不可取之实，而冒揖让之名，因辅弼之功，而当代德之号，欲比德尧舜，岂不诬哉！"[2]这番议论见于东晋史家袁宏所著《后汉纪》，作者与习凿齿是同时代人，他对曹丕以禅受之名篡汉称帝的质疑，从根本上否定了曹魏代汉的必然性与合理性，对陈寿曲笔回护、阿时媚主的做法也提出了批评。关于这个问题，钱穆在其《国史大纲》中讲得更加明白。他说：

> 曹家政权的前半期，挟天子以令诸侯，借著汉相名位铲除异己，依然仗的是东汉中央政府之威灵。下半期的篡窃，却没有一个坦白响亮的理由。
>
> 魏武《述志令》自称："天下无有孤，不知几人称王，几人称帝？"此不足为篡窃之正大理由。曹氏不能直捷效法汤、武革命，自己做周文王，三分天下有其二；而其子依然不能做周武王（既已大权在握，汉献亦无罪过），必做尧、舜禅让；种种不光明、不磊落。总之，攘

---

[1] [清]赵翼：《廿二史札记》卷六，转引自[晋]习凿齿著，[清]汤球、[清]黄奭辑佚，柯美成汇校通释：《汉晋春秋通释》，人民出版社2015年7月版，21页。
[2] [清]赵翼：《廿二史札记》卷六，转引自[晋]习凿齿著，[清]汤球、[清]黄奭辑佚，柯美成汇校通释：《汉晋春秋通释》，人民出版社2015年7月版，15—16页。

夺政权的后面，没有一个可凭的理论。

乘隙而起的司马氏，暗下勾结着当时几个贵族门第再来篡窃曹氏的天下，更没有一个光明的理由可说。

司马氏似乎想提倡名教，来收拾曹氏所不能收拾的人心。然而他们只能提出一"孝"字，而不能不舍弃"忠"字，依然只为私门张目。

他们全只是阴谋篡窃。阴谋不足以镇压反动，必然继之以惨毒的淫威。如曹操之对汉献帝与伏后。（伏氏与孔氏，皆两汉经学名门也。）[1]

由于陈寿的虚誉溢美，《三国志》所刻画的曹操，只有"治世之能臣"的一面，而少了"乱世之奸雄"的另一面，后者则保存在《汉晋春秋》中。《汉晋春秋》现存佚文第九条记载了曹操与汉献帝的关系：

> 汉帝都许，守位而已，宿卫近侍莫非曹氏党旧恩戚。议郎赵彦尝为帝陈言时策，曹操恶而杀之，其余内外多见诛。操后以事入见殿中，帝不任其忿，因曰："若能相辅，则厚；不尔，幸垂恩相舍。"操失色，俯仰求出。旧仪，三公辅兵入庙，令虎贲执刃挟之。操顾左右，汗流

---

[1] 钱穆：《国史大纲》（上），商务印书馆1996年6月版，219—221页。

洽被，自后不敢复朝请。[1]

白描似的几笔，就画出了曹操"托名汉相，其实汉贼"的面相，年轻皇帝的孤弱无助和心有不甘亦跃然纸上。陈寿以曲笔书写历史的另一手段是"讳败夸胜"，报喜不报忧，只讲成绩，不讲问题。在魏晋与蜀汉的兵争中，魏晋胜则直书，魏晋败则不书；反过来，蜀汉败则大书特书，蜀汉胜则不书或少书。蜀汉建兴九年（231），诸葛亮复出祁山伐魏，《魏书·明帝纪》仅记曰："三月，……诸葛亮寇天水，诏大将军司马宣王拒之。"[2]至于《蜀书·诸葛亮传》，提及此事时也仅记曰："九年，亮复出祁山，以木牛运，粮尽退军，与魏将张郃交战，射杀郃。"[3]倒是裴松之注引《汉晋春秋》近四百字，将诸葛亮如何寻找战机，司马懿（宣王）如何临阵避战，乃至诸将讥笑他"公畏蜀如虎，奈天下笑何"，他仍犹豫不决，终至大败的详情，翔实地记录下来，成为正文绝妙的补充。

建兴十二年（234）春，诸葛亮又以十万之众再次伐魏。

---

1 ［晋］习凿齿著，［清］汤球、［清］黄奭辑佚，柯美成汇校通释：《汉晋春秋通释》，人民出版社2015年7月版，38页。
2 ［晋］陈寿撰，［宋］裴松之注：《三国志·魏书》卷三明帝纪，第一册，中华书局1982年7月版，98页。
3 ［晋］陈寿撰，［宋］裴松之注：《三国志·蜀书》卷三十五诸葛亮传，第四册，中华书局1982年7月版，925页。

《明帝纪》记载:"诸葛亮出斜谷,屯渭南,司马宣王率诸军拒之。诏宣王:'但坚壁拒守以挫其锋,彼进不得志,退无与战,久停则粮尽,虏略无所获,则必走矣。走而追之,以逸待劳,全胜之道也。'"[1]至八月,"司马宣王与亮相持,连围积日,亮数挑战,宣王坚垒不应。会亮卒,其军退还"[2]。陈寿这段记述意在给司马懿留面子,裴松之注引《汉晋春秋》,却让我们看到了历史的另一种可能:"亮自至,数挑战。宣王亦表固请战。使卫尉辛毗持节以制之。姜维谓亮曰:'辛佐治仗节而到,贼不复出矣。'亮曰:'彼本无战情,所以固请战者,以示武于其众耳。将在军,君命有所不受,苟能制吾,岂千里耳请战邪!'"[3]这里所述的,竟是一个怯战避让而又顾及名誉,以千里请战、诡对诸将的司马懿。数月后,诸葛亮病逝于军中,《汉晋春秋》又记:"杨仪等整军而出,百姓奔告宣王,宣王追焉。姜维令仪反旗鸣鼓,若将向宣王者,宣王乃退,不敢逼。于是仪结陈而去,入谷然后发丧。宣王之退也,百姓为之谚曰:'死诸葛走生仲达(司马懿)。'或以告宣王,宣王曰:'吾能料生,不便料死也。'"[4]

---

1 [晋]陈寿撰,[宋]裴松之注:《三国志·魏书》卷三明帝纪,第一册,中华书局1982年7月版,103页。
2 [晋]陈寿撰,[宋]裴松之注:《三国志·魏书》卷三明帝纪,第一册,中华书局1982年7月版,104页。
3 [晋]陈寿撰,[宋]裴松之注:《三国志·蜀书》卷三十五诸葛亮传,第四册,中华书局1982年7月版,926页。
4 [晋]陈寿撰,[宋]裴松之注:《三国志·蜀书》卷三十五诸葛亮传,第四册,中华书局1982年7月版,927页。

陈寿未必没有掌握这些材料,但他宁肯舍弃也不予采纳。取舍之间,自然有史家的心机。陈寿本蜀人,与其父两代仕于蜀汉,但他撰写《三国志》时,却处处以曲笔回护曹氏与司马氏"伟光正"的形象,甚至罔顾事实,不以"实录直书"叙事著史。刘备称帝,国号汉以绍汉统,在他笔下,却以其在蜀地而改称蜀国。而且,他对三国的态度亦有厚有薄,曹操及魏国历代国君都立"纪",而吴蜀二国国君则立"传";《魏书》对刘备、孙权称帝皆不书,而二君即位却要在蜀吴二书中记明魏国年号。凡此种种都说明,陈寿在撰写《三国志》时对其处境是有所考虑的。赵翼对此看得很清楚,他说:"盖寿修书在晋时,故于魏晋革易之处,不得不多所回护。而魏之承汉,与晋之承魏,一也。既欲为晋回护,不得不先为魏回护。"[1]

赵翼或有"回护"陈寿之意。毕竟,《三国志》是一部难得的史著,陈寿也是一位难得的"史才",但距"良史"是不是还有差距呢?有人就把问题看得十分严重。北宋唐庚在其所著《三国杂事序》中就曾提出质疑:"上自司马迁《史记》,下至《五代史》,其间数千百年,正统偏霸与夫僭窃乱贼,甚微至弱之国,外至蛮夷戎狄之邦,史家未有不书其国

---

[1] [清]赵翼:《廿二史札记》卷六《三国志书法》,转引自[晋]习凿齿著,[清]汤球、[清]黄奭辑佚,柯美成汇校通释:《汉晋春秋通释》,人民出版社2015年7月版,21页。

号者,而《三国志》独不然。刘备父子相继四十余年,始终号汉,未尝一称蜀;其称蜀,流俗之语耳。陈寿黜其正号,从其俗称,循魏晋之私意,废史家之公法。用意如此,则其所书善恶褒贬予夺,尚可信乎!"[1] 话虽然说得很重,却也道出了问题的根源——"循魏晋之私意,废史家之公法"。对史家来说,这毕竟是不可原谅的,也是正直而有良知的史家不肯做的,著史者不能因为政治的淫威而丢弃史家的良知和责任。在这个意义上,《三国志》的写作恰恰成了著史为政治服务的先例。

---

1 转引自[晋]习凿齿著,[清]汤球、[清]黄奭辑佚,柯美成汇校通释:《汉晋春秋通释》,人民出版社2015年7月版,19页。

刘秉忠：北京城第一设计师

刘秉忠是幸运的,

他遇到了识人的忽必烈,

而忽必烈也该庆幸,

在他"思大有为于天下"的时候,

便有个能"问以治道"的人来到身边,

这难道不是上天对他的眷顾吗?

北京的民间有一个刘伯温与姚广孝修北京城的传说。据说，北京在建城之前，属于苦海幽州孽龙的地盘，燕王朱棣想在这里建城，就请刘伯温和姚广孝分别做出规划。结果，他们设计的图形竟完全一样，都是仿照哪吒身形所画的"八臂哪吒城"。因此，民间把刘伯温和姚广孝都当作北京城的设计师。

但传说总归是传说，北京城的设计师其实另有人在。这个人就是元世祖忽必烈的宠臣刘秉忠，他才是北京城名副其实的第一设计师，比刘伯温和姚广孝早了大约一百二三十年。

刘秉忠，字仲晦，初名侃，后来做了和尚，法号子聪。他的祖籍在瑞州（今辽宁省绥中县北），其先世历代在辽为官，其曾祖父改为仕金，累迁邢州节度副使，家也迁到邢州（今邢台市）。所以，有时他也被称作邢人。元太祖（铁木真）十五年（1220）冬，木华黎进军河北，听取了河北西路兵马使史天倪的建议，下令禁止士兵剽掠、不得骚扰百姓，深得民心，不费一兵一卒而取邢州，立都元帅府，他父亲刘润就做了元帅府的都统。

刘秉忠大约长相不俗，心气、志向也很高，《元史》便说他"生而风骨秀异，志气英爽不羁"。他"八岁入学，日诵数百言"，书读得还不错，但元初未开科举，士子的出路成了问题。十七岁时，他做了邢州节度使府的一名令史。这只是个不入流品的属吏，对一个有抱负的青年来说，这个职位如何能满足他的追求？因此，他常常郁郁不乐。一天，他忽然投笔感慨："吾家累世衣冠，乃汩没为刀笔吏乎！丈夫不遇于世，当隐居以求志耳。"[1]于是，他便辞职当和尚去了，后来走到云中（今山西大同市），就在当地的南堂寺住了下来。

元世祖忽必烈登基之前，曾召见海云禅师。在蒙古统治者的心目中，海云禅师拥有极高的威望和地位。他是忽必烈最早接触的中原人士，忽必烈所关注和利用的中原人才，往往通过禅师的引荐，同时，他也有意为忽必烈搜求人才。就在这次去见忽必烈的途中，他路过云中，听说刘秉忠"博学多才艺"，便邀刘同往漠北，去见忽必烈。这次相见对刘秉忠来说十分重要，使他从一个隐居山林的僧人变成了忽必烈的开国重臣，从根本上改变了他的命运。刘秉忠为何能得到忽必烈的赏识并被委以重任？很重要的原因就在于他知道一个怀抱创业理想的统治者想要什么。他读过很多书，尤其对《易经》和邵雍（尧夫）的《皇极经世书》有过很深入的研究，"至于天文、地理、律历、三式六壬遁甲之属，无不精通。论天下事如指诸掌"，所以"世祖大爱之"[2]。海云禅师南

---

[1] ［明］宋濂等：《元史·刘秉忠传》，卷一百五十七，列传第四十四，中华书局1976年4月版，3687页。

[2] ［明］宋濂等：《元史·刘秉忠传》，卷一百五十七，列传第四十四，中华书局1976年4月版，3688页。

还，刘秉忠遂留在忽必烈身边。

从这里就可以看出刘秉忠这个人的不得了和了不得。他是要做帝王之师的，虽然他表面上遁入空门，做了和尚，但骨子里还是想要经世致用，有所作为。他的知识准备让他的抱负和野心昭然若揭。可以想见，他在庙里打坐的时候，思考的不全是"灵魂的事"，还有如何安邦治国，如何平定天下。这时，他既不能显得迫不及待，又不能不随时做好应对帝王问询的准备，这种在出世入世之间的拿捏，是这类读书人必经的内心煎熬。刘秉忠是幸运的，遇到了识人的忽必烈，而忽必烈也该庆幸，在他"思大有为于天下"的时候，便有个能"问以治道"[1]的人来到身边，这难道不是上天对他的眷顾吗？他们之间的默契，很有点儿像姬昌之遇吕尚，刘玄德之遇诸葛孔明。

蒙古由游牧政权统治方式向中原王朝统治方式过渡，最终是由忽必烈借助汉族士人完成的，而刘秉忠在其中发挥了重要作用。中统元年（1260），忽必烈做了皇帝，他马上要求刘秉忠贡献"治天下之大经，养民之良法"，而刘秉忠也没有辜负忽必烈对他的信任。或许，在忽必烈潜邸时他就上过万言书，但这次他更"采祖宗旧典，参以古制之宜于今者，条列以闻"。他的话，忽必烈是很爱听的。李槃在《太保刘秉忠

1　[明]宋濂等:《元史·世祖一》卷四，本纪第四，中华书局1976年4月版，57页。

赠谥制》中引述了忽必烈的一段话："朕嗣服而伊始，卿尽力以居多。盖得卿实契于朕心，而独朕悉知于卿意，事皆有验。人匪他求，周旋三十年，不避其难。剀切数百奏，各中其理，共成庶政。"[1] 君臣达成默契的原因之一，也许就在于刘秉忠并不一味地向他推销汉法，而只是建议参用汉法中宜于今者。这种实事求是的略似中庸的态度，恰恰比切峻的、理想化的、完全采用汉法的主张，更能对忽必烈的政策产生影响。所以，刘秉忠"条列以闻"之后，忽必烈立刻"下诏建元纪岁，立中书省、宣抚司。朝廷旧臣、山林遗逸之士，咸见录用，文物粲然一新"[2]。

至元元年（1264），忽必烈将其统治重心向南转移，改燕京为中都。也是这个时候，他诏改"子聪"为"刘秉忠"，授其为光禄大夫，以太保参领中书省事。太保之位贵为三公，据说，终忽必烈之世，只有刘秉忠一人享有此职。忽必烈还把翰林侍读学士窦默之女嫁给他，并赐给他一座大宅院——奉先坊。"秉忠既受命，以天下为己任，事无巨细，凡有关于国家大体者，知无不言"，忽必烈总是加以采纳，"他如颁章服，举朝仪，给俸禄，定官制，皆自秉忠发之，为一代成

---

[1] [元] 李槃：《太保刘秉忠赠谥制》，转引自葛仁考：《刘秉忠影响忽必烈的两件事》，《传承》杂志电子版 2011 年第 6 期，http://www.shiqi.group/s/Product-Show_other.asp?ID=1060&ClassID=146，访问日期：2019 年 8 月 15 日。

[2] [明] 宋濂等：《元史·刘秉忠传》，卷一百五十七，列传第四十四，中华书局 1976 年 4 月版，3693 页。

宪"[1]。至元八年（1271），刘秉忠建议，取《易经》"乾元"之意，定国号为大元，至元九年（1272），改中都为大都，建中书省署。至此，今天我们称作北京的这座城市遂成为元朝的都城，都城的建设也因此而加紧了。

蒙古宪宗六年（1256），忽必烈曾命刘秉忠在桓州之东、滦水之北，建开平府（今内蒙古多伦县附近），经营宫室，三年而成。关于此城的营建，当地也有与龙借地的传说。怪力乱神虽不可信，但也曲折地说明，修建一座城市，能否排干积水是关键。据伊利汗国宰相拉施特主持编纂的《史集》记载，当时人们要把草地中间的湖水排干，并用石头、石灰填平，再融入很多锡加固，然后才能在上面铺石板，建宫殿。中统元年（1260），忽必烈废除选汗旧制，在开平称帝，称开平为上都，后改燕京（今北京）为中都。这一年，忽必烈驾临燕京，就住在金国过去的离宫大宁宫（今北海公园白塔山附近）内。这里曾经是金中都，金宣宗（完颜珣）贞祐三年（1215），蒙古军破城而入，焚宫室，掠妃嫔，将城中府库财物洗劫一空而北还。宋端平元年（1234），宋使到达这里，王檝陪他凭吊亡金宫室，看到的已是"瓦砾填塞，荆棘成林"[2]，

---

[1] [明]宋濂等：《元史·刘秉忠传》卷一百五十七，列传第四十四，中华书局1976年4月版，3693—3694页。
[2] [清]于敏中等编撰：《日下旧闻考》卷二十九，第二册，北京古籍出版社1983年5月版，428页。

以至于忽必烈来到燕京时,也只能住在位于燕京东北郊琼华岛上的大宁宫内。元好问的弟子、至元年间官至翰林学士的王恽,写过一组《燕城书事》,这样描写当时的燕京:"都会盘盘控北陲,当年宫阙五云飞。峥嵘宝气沈箕尾,惨淡阴风贮朔威。审势有人观督亢,封章无地论王畿。荒寒照破龙山月,依旧中原半落晖。"王恽还在《西苑怀古和刘怀州景融韵》中写道:"行殿基存焦作土,踏锥舞歇草留裀。野花岂解兴亡恨,犹学宫妆一色匀。"又写道:"三千歌舞繁华歇,一片风烟惨淡愁。兴废算来无五纪,至今灵沼咏西周。"[1] 实际上,在整个元代,这里残留的旧时宫室遗迹,一直都是文人士子感叹黍离之悲的好去处。

忽必烈驾临燕京的第二年,修复燕京旧城的工程就开始了。既然他有意提升燕京的地位(四年后,改燕京为中都,又八年,改中都为大都),那么大规模修建宫室是必然的。至元二年(1265),各种匠户从镇海、百八里、谦谦州等地迁徙至中都;至元三年(1266),又凿金口渠,导卢沟之水以漕西山木石,以为修筑宫城之用;同时,还让精通建筑绘画的也黑迭儿领茶迭儿局,掌管营造。经数年筹虑,一切准备就绪,都城的建造就全面铺开了。刘秉忠被任命为总设计师,主持都城的修建。他最初的想法是在旧城的基础上翻建或扩建,

---

[1] [清]于敏中等编撰:《日下旧闻考》卷二十九,第二册,北京古籍出版社1983年5月版,419页。

很快，这个方案就被否定了。到了至元四年（1267），忽必烈忽然决定放弃旧城，另建新城。有一种说法，这里曾是金都故城，在这里修建都城不吉利。忽必烈听了风水先生的建议，决定将新城移到旧城的东北方向。这里或许有些戏说的成分，但在当时，风水的确是城市建设中所要考虑的重要因素。而实际的理由则是，金都旧城的格局本来就很小，城市陷落后宫室被付之一炬，又经四五十年大自然风雨的洗刷，早就残破得不成样子。而旧城东北郊，以琼华岛大宁宫为中心，不仅有大面积的湖泊，而且地势开阔，便于展开，符合元大都君临天下的气象。

元大都的修建工程从至元四年（1267）开始，设立专门的城建机构提点宫城所，负责管理皇城、宫城、宫殿的施工建设之事。至元十一年（1274）正月，皇宫初步建成，忽必烈在正殿——大明殿，接受了皇太子及诸王、百官的朝贺。这又，前来朝贺的还有高丽国王派遣的使臣少卿李义孙等。皇宫即大内，其时规模已相当可观。据《南村辍耕录》记载："大内南临丽正门，正衙曰大明殿，曰延春阁。宫城周回九里三十步，东西四百八十步，南北六百十五步。高三十五尺。"[1] 四周的城墙是砖砌的，共有城门六座，南墙三座，分别为崇天门居中，左为星拱门，右为云从门。另外三座，东有东华

---

1 ［明］陶宗仪：《南村辍耕录》，转引自［清］顾炎武著，于杰点校：《历代宅京记》，中华书局1984年2月版，261页。

门,西有西华门,北有厚载门。宫城四隅均设有角楼。宫城内,南以大明殿为主,北以延春阁为主,合为前殿后廷。城北有御苑,西临太液池,太液池西峰有隆福宫、兴圣宫。琼华岛称万寿山(又称万岁山),位于太液池中,万岁山以南为园坻小岛,岛上建仪天殿,即今北海团城之所在。环绕宫城及隆福、兴圣二宫,修建皇城。皇城城墙称萧墙,或称红门阑马墙,周围约二十里(约十千米)。皇城之外,再建大城。[1]

至元十一年(1274)八月,刘秉忠随驾上都避暑,却忽然病故,享年只有五十九岁。对于他的死,也有无疾端坐而终的说法。忽必烈闻而惊悼,"出内府钱具棺敛,遣礼部侍郎赵秉温护其丧还葬大都。"[2] 按照现在的标准,五十九岁应该属于年富力强的年纪,如果不是积劳成疾的话,这个年岁故去总是会让人浮想联翩的。不过,在他死后,元大都的建设并没有停下来,仍旧在按既定方针办。又过了十一年,也就是至元二十二年(1285),元大都的建设才算告一段落。这座新建成的超大城市,"方六十里二百四十步,分十一门,正南曰丽正,南之右曰顺城,南之左曰文明。北之东曰安贞,北之西曰健德。正东曰崇仁,东之右曰齐化,东之左曰光熙。正

---

1 参见北京市社会科学研究所《北京历史纪年》编写组:《北京历史纪年》,北京出版社1984年1月版,108—109页。
2 [明]宋濂等:《元史·刘秉忠传》,卷一百五十七,列传第四十四,中华书局1976年4月版,3694页。

西曰和义，西之右曰肃清，西之左曰平则"[1]。

城市街道规划也很有规律。全城南北干道和东西干道各九条。皇城外为居民区，划分为五十个坊，大街宽24步，小街宽12步，大小街之外，还有火巷和弄通，十分壮观。城内还有三处市肆，分别设在积水潭斜街、西羊角市和旧枢密院一角。城市正中有"中心之台"，台后是鼓楼和钟楼。太庙建于齐化门内，社稷坛则建于平则门内。大城四隅还建有角楼，城墙外侧相隔同等距离，是一座座"马面"，即墩台。城外则以护城河环而绕之。综合考察各方面的材料，元大都显然要比后来明清所建的北京城大很多。现存北京的基本格局是明初改建时留下的，它的北面向南收缩了五里，废除了西北之肃清门和东北之光熙门，在北面城墙以德胜门和安定门取代健德门和安贞门，如今我们在北土城和西土城还能看到元代城墙的遗迹。

元大都的建造是依据《周礼·考工记》关于国都的规制而规划设计的，即符合所谓"匠人营国，方九里，旁三门。国中九经九纬，经途九轨。左祖右社，面朝后市"的原则。看到元大都，人们很容易联想到唐代都城长安，认为元大都对其似乎是有意模仿。当然，也有例外或另有考虑，譬如元

---

1 ［明］陶宗仪，《南村辍耕录》，转引自［清］顾炎武著，于杰点校：《历代宅京记》，中华书局1984年2月版，261页。

大都全城共有十一座城门，南、东、西三面各有三座城门，而北面只有两座城门。有人说，这是规划设计者根据《易经》中"天五地六"之数而配置的。如果考虑到刘秉忠就是研究《易经》的专家，也就不能否认这种说法有它的道理所在。很显然，刘秉忠在规划设计元大都时，除了依托积水潭的水泊确定大都城中轴线以及东西、南北城垣的位置，并将皇宫（大内）建在中轴线，又将圈入皇城的原积水潭南部水域改名为太液池，在太液池上，则根据古代神话传说，营造了蓬莱、方丈、瀛洲三山，即今日北海与中海的白塔山、团城、蕉园，强化了太液池的仙境和神秘气氛。此外，他还按照天上的星座，布局一些衙门的方位：如中书省署建在大都城凤池坊北，对应紫薇垣；主管军事的枢密院建在皇城东，对应武曲星；御史台建在皇城东南方，对应左右执法天门等。

如今，在现代化浪潮的冲击下，就其面积而言，北京已经数倍甚至十数倍于元大都。但可惜的是，故城已不在，昔日的壮丽辉煌、秩序井然，让位于今日的张牙舞爪、丧心病狂。我们所能做的，也只有凭借一点粗陋的文字，向曾为这座已经消失的城市贡献过智慧和心力的先贤，表达一点我们的敬意和愧疚。他们留给后辈的是与世界文明共享的荣耀，而我们能够留给后辈的，也许只有文明的瓦砾和垃圾。

马致远：白头仍写颂圣诗

马致远固然有冷漠于世事纷争,

希望着"西村最好幽栖"的一面,

他自号"东篱",

散曲集亦名为《东篱乐府》,

显然都是在追念"采菊东篱下,

悠然见南山"的陶渊明。

不过,和陶渊明相比,

归隐后的陶渊明"觉今是而昨非",

他却仍有"老了栋梁材""恨无上天梯"的抱怨。

马致远在元曲中的地位，犹如唐诗中的李白、宋词中的苏轼，与关汉卿、白朴、郑光祖（一说庾天锡）并称为"元曲四大家"。有一首《凌波仙词》单道他的好处："万花丛中马神仙，百世集中说致远，四方海内皆谈羡。战文场，曲状元，姓名香，贯满梨园。《汉宫秋》,《青衫泪》,《戚夫人》,《孟浩然》，共庾、白、关老齐肩。"

相传，这首词的作者是元末明初的贾仲明。他在这首词中称马致远为"曲状元"，没想到，这个说法在六百余年后竟还引出一段公案。先是谭正璧先生在《元曲六大家略传》中引华连圃《戏曲丛谈》的观点，认为马致远曾"中曲科状元"。赵景深先生不认同这个观点，作《有关马致远生平的几个问题》一文，对华连圃所引三条证据逐一作出批驳，并得出结论——元朝没有以曲取士。

自明以降，一直流传着"元人以曲取士"的说法，但多为以讹传讹，以元代文献证之，绝无此事。据《元史》卷八十一《选举志》记载，元代实行科举可谓一波三折。元"太宗（窝阔台）始取中原，中书令耶律楚材请用儒术选士，从之"，但只在九年（1237）秋八月尝试过一次开科考试，"以论及经义、词赋分为三科，作三日程，专治一科，能兼者听，但以不失文义为中选"。此后直到仁宗皇庆二年（1313）十月，又有中书省臣奏称，当朝官员来自"习儒者少"，而多数"由刀笔吏得官",如果要改变这种现状,唯一办法只有"贡举取士"。至于"取士之法,经学实修己治人之道,词赋乃摘章绘句之学,自隋、唐以来,取人专尚词赋,故士习浮华。今臣等所拟将律赋省题诗小义皆不用,专立德行明经科,以此取士,庶可得人"。

仁宗皇帝接受了他们的建议,诏告天下,定于来年(1314)八月恢复考试制度。其中规定:"科场,每三岁一次开试。举人从本贯官司于诸色户内推举,年及二十五以上,乡党称其孝悌,朋友服其信义,经明行修之士,结罪保举,以礼敦遣,贡诸路府。"对于考试的程序和内容,诏书也有具体要求:"考试程式:蒙古、色目人,第一场经问五条,《大学》《论语》《孟子》《中庸》内设问,用朱氏章句集注。其义理精明,文辞典雅者为中选。第二场策一道,以时务出题,限五百字以上。汉人、南人,第一场明经经疑二问,《大学》《论语》《孟子》《中庸》内出题,并用朱氏章句集注,复以己意结之,限三百字以上;经义一道,各治一经,《诗》以朱氏为主,《尚书》以蔡氏为主,《周易》以程氏、朱氏为主,已上三经,兼用古注疏,《春秋》许用《三传》及胡氏《传》,《礼记》用古注疏,限五百字以上,不拘格律。第二场古赋诏诰章表内科一道,古赋诏诰用古体,章表四六,参用古体。第三场策一道,经史时务内出题,不矜浮藻,惟务直述,限一千字以上成。蒙古、色目人,愿试汉人、南人科目,中选者加一等注授。蒙古、色目人作一榜，汉人、南人作一榜。第一名赐进士及第，从六品，第二名以下及第二甲，皆正七品，第三甲以下，皆正八品，两榜并同。"

上述内容来自皇帝的诏书，应该是可信的。它告诉我们几件事：第一，元代自太宗九年（1237）至仁宗延祐元年（1314），大约有七十七年是科举考试的空白期。如果说，马致远的生卒年在1250年前后至1324年前后是大致不错的话，那么很显然，他没有参加科考的机会。第二，考试的目的是选拔经世致用的人才，"举人宜以德行为首，试艺则以经术为先，词章次之"。他们对隋唐以来科举考试"兼用诗赋"的做法是很警惕的，认为这样做的结果，必然是"士始有弃本而逐末者"，"其弊遂至文体卑弱，士习委靡"。对此，俗尚弓马的草原民族是不能认同的。既然如此，则很难想象他们会采取"以曲取士"的做法——杂剧编得好，便能做官。第三，考试内容规定得也很清楚，都是四书经义、诏诰、章表、经史、时务之类，根本没有戏曲，自然不能说"以曲取士"。至于称他为"曲状元"，其实与科举无关，只是表明他在戏曲行里的地位罢了。

但马致远毕竟是做过官的。据钟嗣成在《录鬼簿》中的记载，他的官职为"江浙省务提举"（一说江浙行省务官）。钟嗣成是马致远的晚辈，他这样说当是有根据的。提举一职为元承宋制,是主管部门事务的职官。《元史》曾有记载:"太宗六年(1234),设国子总教及提举官。"并于"世祖中统二年(1261),始命置诸路学校官",又于至元二十八年(1291),在江南诸路学及各县学、书院内,设置学正、山长、学录、教谕、教授等职位,而"教授之上,各省设提举二员,正提举从五品,副提举从七品,提举凡学校之事"。不过,元代提举一职涉及很多部门,除了学校教育,还有诸如"医学提举""宝钞提举""盐课提举"等,都以提举名之。马致远是哪个部门的提举,还很难说。有人说是管理学校事务的提举,只是想当然,并无过硬的材料证明。

如果说马致远曾担任"江浙省务提举"一职,负责管理学校事务(相当于今日的省教委主任)的话,那么,在1291年这个时间点上,他大约已经四十岁了。即便他在此时得到了这个职位,他通过什么途径得到这个职务以及他的整个身世,仍然是个谜。孙楷第先生曾提到一位"广平马致远",广平在今河北省永年区境内,此人也有在江浙行省做官的经历,生卒年亦相近,但他是个循吏。结合马致远的散曲和杂剧,很难在二人身上找到相似之处。马致远写过一组散曲《【双调】拨不断》,当是他隐居西山时的怀旧之作,其中提到了"九重天,二十年,龙楼凤阁都曾见";另一首《【中吕】喜春来》,还曾写下这样的句子:"昔驰铁骑经燕赵,往复奔腾稳似船,今朝两鬓已成斑。"有人因此推断马致远曾经有过二十年出入宫禁的生活，甚至很有可能是随驾征战的怯薛军的一员。怯薛，乃蒙语皇家禁卫军的音译，是皇帝身边的人，按律须由"蒙古、色目之有阀阅者"充任。而怯薛亦有分工，前一曲中"蛮书写毕动君颜"之句，或许恰好透露了他在怯薛中的职守，是为皇帝书写圣旨的"扎里赤"吧。

文学史家刘大杰认为，马致远"有富豪公子的身世"。如果真是这样，那么马致远恐怕就不是汉人，而是回族人或女真人。即使他本人不曾由金入元，他的家族也应该是由金入元的。事实上，直到晚年他对这段经历仍然念念不忘，特别是在感叹自己的遭际时，常常就会想起当年的情景。譬如在散套《【黄钟】女冠子》中，马致远就曾感叹："且念鲰生自年幼，写诗曾献上龙楼。"但他很快便意识到，这一切早已成为过去，因为"都不迭半纸来大功名一旦休"，再没有那种机会了，"便似陆贾随何，且须缄口"。这期间究竟发生了怎样的故事？他究竟因何断送了自己的前程？在这里，并没有史料可以帮助我们解惑，唯一的线索仍出自他的作品。黄克先生通过解读他的《【大石调】青杏子》，发现了一些蛛丝马迹。好在这篇散套并不长，我将其全文抄在这里：

悟 迷

世事饱谙多，二十年漂泊生涯。天公放我平生假，剪裁冰雪，追陪风月，管领莺花。

【归塞北】当日事，到此岂堪夸，气概来自诗酒客，风流平昔富豪家，两鬓与生华。

【初问口】云雨行为，雷霆声价，怪名儿到处里喧驰的大。没期程，无时霎，不如一笔都勾罢。

【怨别离】再不教魂梦反巫峡，莫爇香休剪发，柳户花门从（纵）潇洒，不再蹅，一任教人道情分寡。

【擂鼓体】也不怕薄母放讶揩，谙知得性格儿从来织下，颠不剌的相知不缱他，被莽壮儿的哥哥截替了咱。

【赚煞】休更道咱身边没掙剥，便有后半毛也不拔，活缋儿从（纵）他套共揭，沾泥絮怕甚狂风刮。唱道尘虑俱绝，兴来诗，吟罢酒，醒时茶。兀的不快活煞，乔公事心头再不罣。

黄克将其称作"章台子弟的忏悔书"怕是有道理的，作者自题为"悟迷"已有这样的意思。在古代，章台是妓院的代称，章台子弟就是常到妓院寻欢作乐的人。马致远年轻时不仅是这里的常客，而且"云雨行为，雷霆声价"，是很风光的。但是，突如其来的打击，让他在人生的巅峰时刻，一下子跌入了深渊。他的风流韵事到处传播，"八卦"消息满天飞，"没期程，无时霎"，闹得官府很没面子，甚至皇帝都可能发了脾气。元代官妓实行统一注籍，分级管理，所有乐户都要报教坊司备案。京师官妓直接隶属教坊司管辖，地方官妓则由各级地方政府管理。就经营方式而言，元代官妓采用双轨制，既可以买卖，又必须无条件地应召到官府"当番承应"。京师官妓的"当番承应"主要有两种方式：一是进宫参加各种庆典活动，表演歌舞和杂剧，即所谓"教坊承应"；二是接待外国使臣。如果马致远曾在皇帝身边任职不错的话，那么，他和这些色艺双绝的高级妓女就有很多接触的机会，而且马致远的作品说不定还会由她们演唱呢。以他的才华和名气，"战文场，曲状元，姓名香，贯满梨园"，要赢得妓女的芳心，自是很容易的事。事实上，妓女与才子的关系历来如此，妓女爱才，才子好色，"小红低唱我吹箫"，便是才子与名妓结缘的绮丽景象。

马致远是个文人才子，他与妓女搞出点风流韵事本不稀奇，但他还在宫廷里占据着一个显要的位置，如果他待人接物能够低调一点，或许也能相安无事，偏偏他又"怪名儿到处里喧驰的大"，恃才傲物，睥睨他人，不可一世。这就很容易招来一些人的妒忌和怨恨。一旦他的行为有失检点，被别人抓住把柄，就会有人借舆论掀起轩然大波，使之变成一个世人瞩目的事件。《元律》有明文，是禁止妓女向在职官吏卖身的，同时也禁止职官召妓嫖娼。《元史》中具体记载了犯规之后的处罚办法，卷一百二《刑法一》规定："诸职官频入茶酒市肆及倡优之家者，断罪罢职。"卷一百三《刑法二》规定："诸职官娶娼为妻者，笞五十七，解职，离之。"卷一百四《刑法三》则规定："诸职官与倡优之妻奸，因娶为妾者，杖七十七，罢职不叙。"尽管有这样严苛的规定，放在平时，皇帝也许会法外开恩，放他一马，但在舆论汹汹之时，皇帝也不得不拿法律说事，以平息舆论。

至此，马致远不仅失去了显赫的、令人羡慕的地位，而且成了世人嘲笑的对象。元代后期散曲大家张可久写过一首《【双调】庆东原》的组曲，题为《次马致远先辈韵九篇》，在每支曲子的结尾处都反复吟唱这样一句曲家称之为"务头"的警句："他得志笑闲人，他失脚闲人笑。"黄克先生说："倘若'失脚'不是事实，在与'先辈'步韵唱和中竟然如此实指，岂非大不敬吗？"此后，"二十年漂泊生涯"，让他对世态炎凉、人间冷暖有了更真切的体会。于是，他索性放下身段，不再考虑功名仕进，而宁愿去嘲风弄月，流连光景，也就是他自己所说的"剪裁冰雪，追陪风月，管领莺花"。很显然，他的放达甚至放纵，是有一点无奈在其中的。他一刀斩断了与过去的联系，"再不教魂梦反巫峡，莫燃香休剪发，柳户花门从（纵）潇洒，不再蹅，一任教人道情分寡"。既然是"一笔都勾罢"，他也就"不怕薄母放诇掐，谙知得性格儿从来织下，颠不剌的相知不绻他，被莽壮儿的哥哥截替了咱"。这时的他，"休更道咱身边没掯剥，便有后半毛也不拔，活缋儿从（纵）他套共揸，沾泥絮怕甚狂风刮。唱道尘虑俱绝，兴来诗，吟罢酒，醒时茶。兀的不快活煞，乔公事心头再不罣"。

我们不知道他是何时隐居到北京西山（今北京市门头沟区王平镇韭园西落坡村有马致远故居）的，但有记载，元贞中，他与李时中等人组织了书会。这是一个职业的卖艺说书者的团体，主要成员有文士王伯成、李时中，艺人花李郎、红字李二。他们曾共同创作了杂剧《邯郸道省悟黄粱梦》（以下简称《黄粱梦》），一折马致远，一折红字李二，一折花李郎，一折李时中。钟嗣成《录鬼簿》载："元贞书会李时中、马致远、花李郎、红字公，四高贤合捻《黄粱梦》。东篱翁，头折冤。第二折，商调相从。第三折，大石调。第四折，是正宫。都一般愁雾悲风。"元贞是元成宗铁木耳的年号（1295—1297），这时的马致远应当在五十岁左右，人到中年，流寓民间，过着"酒中仙，尘外客，林间友"的生活。他自认"书会才人"，以写作杂剧为业，据说著有杂剧十五种，今存《汉宫秋》《荐福碑》《岳阳楼》《青衫泪》《任风子》《陈抟高卧》《黄粱梦》七种。闲来也作散曲，现存小令一百一十五首，套曲十八套，残套五套，是元代散曲作家中作品题材最丰富的，其中颇多怀才不遇的感慨和隐居闲适的心境，以及对功名利禄、世俗红尘的讥讽鄙弃之词。他固然有冷漠于世事纷争，希望着"西村最好幽栖"的一面，他自号"东篱"，散曲集亦名为《东篱乐府》，显然都是在追念那位写过"采菊东篱下，悠然见南山"的陶渊明。不过，和陶渊明相比，归隐后的陶渊明"觉今是而昨非"，他却仍有"老了栋梁材""恨无上天梯"的抱怨。年轻的时候，他在皇帝身边，是写过"祝吾皇万万年,镇家邦万万里。八方齐贺当今帝,稳坐盘龙亢金椅"这类歌功颂德的谀辞的。而到了晚年,元英宗至治年间(1321—1323),他大约已经七十岁了,居然还写了"至治华夷,正堂堂大元朝世","圣明皇帝,大元洪福与天齐"的词句。也许,我们只能用文人的复杂性来解释这种难以理解的现象吧。

雨疾荷残说老莲

此时已是大明王朝覆灭的前夜。

陈洪绶以大半生为代价,

终于弄明白一个道理,

最是当官不自由。

几年前，我买过一本陈洪绶所绘的《酒牌》，书中收录了他在杭州吴山火德庙西爽阁绘制的《博古叶子》。这是他晚年的作品，一年后，他就去世了。酒牌，也称叶子，与当今人们玩的纸牌略有相似之处，流行于明清，是酒徒行令及赌徒博戏的必备之物。通常，叶子以四十张为一副，分别为文钱十张、百子九张、万贯九张、十万贯八张，另有百万贯、千万贯、万万贯、空没文各一张。然而，陈洪绶绘制的《博古叶子》却有很明显的不同，他以四十八张为一副，文钱、百子、万贯、十万贯各十张，再加上八张花色牌，有无量数、万万贯、千万贯、京万贯、金孔雀、玉麒麟、空汤瓶、半鬻（è）钱各一张。每张牌面画一个或数个人物，讲述一段故事，其中既有王侯贵戚、权臣佞幸，也有富商巨贾、文人高士，几乎涉及古代名人的各个层面。

陈洪绶为《博古叶子》自题四言诗铭，交代了绘制这副叶子的初衷，是为了解决廿口之家的生计问题。他写道：

廿口一家，不能力作，
乞食累人，身为沟壑。
刻此聊生，免人络索。
唐老借居，有田东郭，
税而学耕，必有少获。
集我酒徒，各付康爵。

> 嗟嗟遗民，不知愧怍。
> 辛卯暮秋，铭之佛阁。[1]

辛卯年是清顺治八年（1651）。为了表明不与清廷合作的态度，几年前，他就已选择落发为僧，住在庙里。以他当时的名气，用画换钱是很方便的，绝不至于让全家二十口生计无着。但他宁可向市井的酒徒、赌徒讨生活，也不肯附和新贵，为他们作画，显示出他的孤傲个性。十几年前，为了接济朋友周孔嘉一家八口的生计，他曾画过《水浒叶子》[2]，现在，为了自家人的生计，他又画了这副《博古叶子》。在他看来，这样做不仅可以避免为了糊口而不得不为权贵作画，而且也是他兴之所至，与酒友们推杯换盏的一件乐事。第二年春天，也就是清顺治九年（1652）二月，陈洪绶回到家乡。他的文集《宝纶堂集》卷首有孟远所作《陈洪绶传》，其中写道："岁壬辰忽归故里，日与昔时交友，流连不忍去。一日，趺坐床箦，瞑目欲逝，子妇环哭。急戒毋哭，恐动吾挂碍心。喃喃念佛号而卒。"[3] 时年五十四岁。

---

1 [清]陈洪绶、任熊等编绘，栾保群解说：《酒牌》，山东画报出版社2005年9月版，14页。
2 [明]张岱撰《陶庵梦忆》卷六收入他为《水浒叶子》所作"缘起"，其中写道，陈洪绶"画《水浒》四十人，为孔嘉八口计"。[明]张岱：《陶庵梦忆·西湖梦寻》，上海古籍出版社1982年11月版，56页。
3 吴敢、王双阳：《丹青有神：陈洪绶传》，浙江人民出版社2008年11月版，191页。

陈洪绶，字章侯，号老莲，浙江诸暨人氏。关于他的生年，有两种说法，一为明万历二十六年（1598），另为明万历二十七年（1599），总之，他活了五十三岁或五十四岁。他这一辈子，前四十余年生活在明朝，是大明的子民，其后不足十年里，清朝取代了明朝，他成了大明的遗民。所以说，他属于在明清易代、王朝更替之际，历经了旷世劫难的那一代人。大明王朝到了万历皇帝坐天下的时候，已经是强弩之末，用《红楼梦》里冷子兴的话说："如今外面的架子虽未甚倒，内囊却也尽上来了。"[1] 其时明王朝表面上还是四海升平，实际上，衰败的迹象已渐渐地显现。万历皇帝采取不与朝臣合作的态度，长期躲在深宫之中，最终造成了朝臣结党争斗，而内廷阉宦乘机夺权的混乱局面。其中最突出的，便是东林党人与阉党的斗争。这场斗争一直持续到明王朝最后一个皇帝朱由检上台。既为新皇，他励精图治，思有作为。即位之初，他就大刀阔斧，铲除了魏阉及其势力，试图以此挽狂澜于既倒，扶大厦之将倾，但明王朝积重难返，当世已无回天之人。

也就是在这个时期，明王朝陷入了内外交困。外部有女真部族的兴起，努尔哈赤于万历四十四年（1616）自立为汗，定国号为金，史称后金。崇祯九年（1636），皇太极改国号为清。内部则有崇祯元年（1628）岁末陕西饥民的揭竿起

---

[1] ［清］曹雪芹：《红楼梦》，人民文学出版社1964年2月版，18页。

义，至崇祯十七年（1644）正月初一日，李自成在西安称王，国号大顺，三月十九日便攻入北京，崇祯皇帝自缢于万岁山，明王朝至此被农民军推翻。辽东总兵吴三桂率兵救援不成，转向清军求助，李自成兵败，清军乘机进军关内，于十月一日迁都北京。陈洪绶一生的大部分时光就是在这种动荡不安中度过的，"山河破碎风飘絮，身世浮沉雨打萍"。这还不是最悲催的，对他来说，更大的痛苦和折磨来自两个方面。首先，他把"学而优则仕"看作人生的最高理想，为此他宁肯放弃卓异的艺术天赋而去考取功名。然而，有许多事常常不以人的主观意志为转移。尽管他胸怀经世致用之心，但在科举考场上却屡屡失败，终其一生，只在崇祯年间做过三个月不入流的小官——从七品的中书舍人。这种失落感追随他大半生，直到经历了王朝更替的劫难，在生命的最后十年，他才渐渐接受了命运的安排，安心于卖画糊口的生涯。

如果说，画画还是做官是陈洪绶不得不面对的第一个人生选择的话，那么，在四十五岁之后，随着他期望着有所报效的大明王朝的覆灭，他不得不面对第二个人生选择，这是一次更为严峻也更加艰难的选择。明亡之际，生死已成涉及政治伦理的大问题。"崇祯之死即使不是此后一系列的死的直接诱因，也是其鼓舞，是道义启导、激发，是示范、垂训，是人主施之于臣子的最后命令。'君亡与亡'，是为一时士人认可的道德律令；'主忧臣辱，主辱臣死'——况'主'已死！死的必要性，几乎已是无需论证的"[1]。所以，他的老师刘宗周选择了绝食而死；另一位老师黄道周，抗清失败，被俘不屈而慷慨就义；他的一些朋友，如王毓蓍、祁彪佳、祝渊等人也都殉节而亡。然而，他却选择了不死。在那场极其惨烈的以生为耻的"祈死"狂潮中，他以"遗民"的方式活了下来。或许他有不死的理由，但如何平复内心的痛楚和焦灼，对他来说仍然是个致命的问题。他晚年改号悔迟、悔僧，就隐约透露了国破之后忍辱偷生，没有立刻死节的复杂心境。

陈洪绶是个天才少年，很小就显露出令人惊叹的绘画才能。一个不可思议的故事发生在他四岁，那时他正在来氏私塾读书。这家私塾的主人来斯行，后来成了他的岳丈。清代大文人朱彝尊在《陈洪绶传》中记述了这个故事：

> （陈洪绶）年四岁，就塾妇翁家。翁家方治室，以粉垩壁。既出，诫童子曰："毋污我壁。"洪绶入视良久，绐童子曰："若不往晨食乎？"童子去。累案登其上，画汉前将军关侯像，长十尺余，拱而立。童子至，惶惧号哭，闻于翁。翁见侯像，惊下拜，遂以室奉侯。[2]

---

1 赵园：《明清之际士大夫研究》，北京大学出版社 1999 年 1 月版，24 页。
2 [清] 朱彝尊：《曝书亭集》卷六四，转引自吴敢、王双阳：《丹青有神：陈洪绶传》，浙江人民出版社 2008 年 11 月版，16 页。

这个故事的可信度不高，细节尤为夸张。《清史稿》中也有关于此事的记载，比较简略："幼适妇翁家，登案画关壮缪像于素壁，长八九尺，妇翁见之惊异，扃室奉之。"[1]我们不妨想象一下，一个四岁的孩子（也许不止四岁），三尺幼童，画了一幅至少超过他身高两倍的关公像，光是这件事本身，就足以让成年人产生惊异感（也有惊喜），何况他画得颇有些神似民间流行的关公画像，人们自然视他为神童，他也因此获得了读书之余学画的机会。最初为他启蒙的是当地极负盛名的画家蓝瑛和孙杕。但是，这个学生的绘画才能很快就让二位老师发出了自愧不如的感叹，他们"见而奇之曰：'使斯人画成，道子、子昂均当北面，吾辈尚敢措一笔乎！'"[2]吴道子在中国画史上被尊为"画圣"，赵孟頫（字子昂）在元朝也是一代书画宗师。他们认为，如果陈洪绶学画有成，即使是吴道子、赵孟頫这样的大师也只能甘拜下风，他们这样的画家还敢提一下画笔吗？

在绘画方面，陈洪绶成名甚早。十四岁那年，他的画就有了市场号召力，把他的画悬于市中，立刻就会有人出钱买走。但是，无论他自己，还是陈氏家族，都不认为绘画是人

---

1 [清]赵尔巽等：《清史稿》卷五百四，列传二百九十一，中华书局1977年8月版，13901页。
2 [清]孟远：《陈洪绶传》，转引自吴敢、王双阳：《丹青有神：陈洪绶传》，浙江人民出版社2008年11月版，20页。

生正途。诸暨枫桥陈家是世代相传的诗礼簪缨之族，祖上几代都在朝廷做官，只是到了陈洪绶的父亲陈于朝（字叔达）这一辈，科场失利，仕途受阻，才造成了家道中落的局面。于是，陈氏家族就把希望寄托在陈洪绶身上。陈洪绶十八岁，新婚不久，就拜在儒学大师刘宗周门下，成为他的入室弟子。刘宗周（1578—1645），字起东，别号念台，越之山阴（今浙江绍兴）人，万历辛丑（1601）进士，后因弹劾魏忠贤与客氏，削籍归里。崇祯二年己巳（1629），他被起用为顺天府尹。此时的崇祯，求治太急，用人太苛，又重赋敛，严刑罚，刘宗周认为"此刑名之术也，不可以治天下，而以仁义之说进。"具体言之即："上天重民命，则刑罚宜剩，请除诏狱；上天厚民生，则赋敛宜缓，请除新饷。"[1]崇祯没有听从他的劝告，反而嘲笑他的迂阔，刘宗周于是请归。后召其为吏部左侍郎，不久又升左都御史，给事中姜埰、行人司副熊开元以言获罪，他直言相救，得罪了崇祯，遂被革职。清军南下，浙省降清，他恸哭曰："此余正命之时也。"终以"与土为存亡"的理由，"绝食二十日而卒"[2]，时年六十八岁。

刘宗周讲学大约在"削籍归里"之后，地点就在绍兴蕺山，故人称蕺山先生。陈洪绶就是在这个时候入学的。他在

---

1 [清]黄宗羲：《明儒学案》（修订本）下册，中华书局2008年1月版，1510页。
2 [清]黄宗羲：《明儒学案》（修订本）下册，中华书局2008年1月版，1513—1514页。

这里读书的时间虽然不长，但他的人生观、价值观基本上是在此时形成的。刘宗周使他对一个儒者应该承担的历史使命有了初步的了解。他学习如何砥砺节操，并开始关注社稷民生。但他毕竟是个特立独行的艺术家，习惯了恣肆放纵的生活，对于儒家那一套修身养性、静坐涵养的功夫，他几乎无法忍受。没过多久，他就离开先生，下山去了。此后，他又有过几次读书的打算，但长则数月，短则只维持了五天，就因为文友的邀约而离开了书房。这期间，他登上了科举求仕的第一级台阶。二十一岁那年，他终于经县考得名，进了秀才，官称"生员"。此后的四年之中，他大约参加了两次乡试，都没能考中。这年的除夕，他自伤怀抱，写了一首诗：

廿五年来名不成，题诗除夕莫伤情。
世间多少真男子，白发俱从此夜生。[1]

作为他想象中的真男子，二十五岁还未取得功名，是要愁白了头发的。这说明，儒家传统人生目标——"立德""立功""立言"，在他内心深处，分量是很重的。尽管这个目标对他来说高不可攀，但他此时还有一点"虽不能至，心向往之"的情怀，不然他也不会这么在意考试的结果。转过年来的春天，他来到北京，希望能在这里找到晋升的机会。然而，

---

[1] ［清］陈洪绶：《宝纶堂集》卷九，转引自吴敢、王双阳：《丹青有神：陈洪绶传》，浙江人民出版社 2008 年 11 月版，41 页。

在他身上，艺术家的自适任性、放浪不羁毕竟更多些，而儒家要求读书人的克己、慎独却相对较少。他的北京之行超过一年，此行除了对北京的声色游戏多有领略外，其他方面的收获微乎其微。当春天再次来临的时候，他生了一场大病，待到身体康复，收拾行装南归时，已是深秋了。

虽然前途渺茫，但他相信，只要努力，希望还是有的。是什么支持他如此执着地追求功名而绝不轻言放弃呢？说到底就是作为人子的事亲之道。他认为，事亲之道主要体现在两个方面：一个是尊荣，所谓"挣来了这凤冠霞帔与娘穿"[1]；一个是温饱，所谓"使老母饱官饭一盂，愿足矣"[2]。这是人子应尽义务，陈洪绶也不能例外，尽管此时他的父母和发妻均已去世。为此，他在崇祯五年（1632）和崇祯十三年（1640）又有两次北上京师之举。特别是后面这次，他选择了以"纳赀"的方式，入国子监读书。对经历了多次乡试失利而功名之心犹未断绝的他来说，这是一条捷径，也是他博取功名的最后机会。然而，正是在这里，官场的腐败龌龊，以及士人对时局的束手无策，让他大失所望。先是他的老师黄道周为弹劾杨嗣昌一事，直言抗辩，惹恼了崇祯，被直降六级，贬谪为江西按察司照磨，正九品。后江西巡抚解学龙以"忠孝"

---

[1] 评剧《朱痕记》"望坟台"唱段唱词。
[2] ［清］陈洪绶：《宝纶堂集》卷一，转引自吴敢、王双阳：《丹青有神：陈洪绶传》，浙江人民出版社2008年11月版，74页。

的名义上疏举荐黄道周，引起崇祯的猜忌，崇祯索性将二人押解到京城，每人杖八十，打入刑部大牢，本欲治重罪，由于几位大臣力谏，改为充军广西。就在这一年，即崇祯十三年（1640）的闰月中，他的另一位老师刘宗周，又因上疏救言官姜埰、熊开元而触犯了皇帝，竟被贬斥为平民。严酷的现实终于让陈洪绶迷途知返，他"深悔当时何不弃去，半年怀负国之惭，今则弃去矣"[1]。崇祯十六年（1643）秋，他借口家中有事，离开京城，回到故乡。至此，他才体会到不被功名束缚的喜悦。

此时已是大明王朝覆灭的前夜。他以大半生为代价，终于弄明白一个道理——最是当官不自由。甲申之乱后，福王朱由崧在南京即位，改元弘光，开科取士，有些朋友劝他不妨一试，被他严词拒绝了。他在诗中写道：

二王莫劝我为官，我若为官官必瘰。
几点落梅浮绿酒，一双醉眼看青山。[2]

这种轻松闲适的背后，其实是报国无门、国事无望带来

---

1 ［清］陈洪绶：《宝纶堂集》卷三，转引自吴敢、王双阳：《丹青有神：陈洪绶传》，浙江人民出版社 2008 年 11 月版，117 页。
2 ［清］陈洪绶：《宝纶堂集》卷九，转引自吴敢、王双阳：《丹青有神：陈洪绶传》，浙江人民出版社 2008 年 11 月版，130 页。

的愤懑和痛苦。很快，师友们纷纷死节殉国的消息使他陷入了更深的自我折磨。开始是情感宣泄，据孟远《陈洪绶传》记载："甲申之难作，栖迟越中，时而吞声哭泣，时而纵酒狂呼，时而与游侠少年椎牛埋狗，见者咸指为狂士。"[1] 不消说，陈洪绶在这里所宣泄的不仅是亡国之痛，还有与师友阴阳诀别之痛，更是自责、自辱、自悔、自废之痛。特别是王毓蓍的死，给予他更大，也更强烈的压力。王毓蓍是他少年求学蕺山的同窗，后来结成儿女亲家，关系极为密切。甲申年（1644）六月，杭州陷落，王毓蓍投柳桥河自尽。据说，他在投河之前，还曾给老师刘宗周写信，敦促其自尽。《绍兴府志》卷五六《王毓蓍传》记载了当时的情景："俄一友来视，毓蓍曰：'子若何？'曰：'有陶渊明故事在。'毓蓍曰：'不然。吾辈声色中人，虑久则难持也。'一日，遍召故交欢饮，伶人奏乐。酒罢，携灯出门，投柳桥下，先宗周一月死。"[2]

这里提到的"一友"，有人认为即陈洪绶。他在王毓蓍死后所作《挽王正义先生》长诗中，也提到曾经劝阻王毓蓍不要殉节，但遭到王氏的斥责。从他们的对话中，我们似乎可以揣摩陈洪绶没有死节的内心活动，是想效仿东晋大诗人陶

---

1 ［清］陈洪绶：《宝纶堂集》卷二，转引自吴敢、王双阳：《丹青有神：陈洪绶传》，浙江人民出版社2008年11月版，129页。
2 ［清］李亨特总裁，平恕等修：《绍兴府志》卷五十六《王毓蓍传》，乾隆五十七年刊本，转引自吴敢、王双阳：《丹青有神：陈洪绶传》，浙江人民出版社2008年11月版，134页。

渊明。陶渊明曾在东晋末年做过一任小官,晋室灭亡时,他没有殉节;刘宋时再度出仕为官,做了八十一天的彭泽县令后,以"不为五斗米折腰"为由辞官归隐。虽然陶渊明没有为晋室殉节,但他的高尚节操,仍为后世文人所推崇。这大概就是明亡后陈洪绶首先想到陶渊明的原因之一。而且,他与一些官至高位的师友不同,如老师刘宗周、黄道周,好友倪元璐,他们可以名正言顺地为明王朝殉节,但他"不是金华殿里人,又无名教责其身"[1],似乎可以不死。所以,他劝同为秀才的王毓蓍顾惜儿女尚幼——"弱女方窥户,雏儿怯负薪"[2],不妨效法陶渊明,归隐田园。但王毓蓍却有他的担心,"吾辈声色中人,虑久则难持也"——我们都是贪恋声色之人,如果不能即刻赴死,时间长了,则很难坚守节操。有些话他也许不便说,仅就儒家对于士君子的"潜德"规范而言,是不赞成以养亲、抚孤为理由拒绝死义全节的,"徒以全躯保妻子为幸,孟子所谓小丈夫也""非君子之所谓贞也"[3]。

陈洪绶选择了不死。然而,他活得却并不轻松。他常常因触景生情而感到内心不安,经过从前做秀才时与友朋一起

---

1 [清]陈洪绶:《宝纶堂集》卷九《偶咏》,转引自吴敢、王双阳:《丹青有神:陈洪绶传》,浙江人民出版社2008年11月版,135页。
2 [清]陈洪绶:《宝纶堂集》卷五,转引自吴敢、王双阳:《丹青有神:陈洪绶传》,浙江人民出版社2008年11月版,134页。
3 [清]王夫之语,转引自赵园:《明清之际士大夫研究》,北京大学出版社1999年1月版,259页。

读书的学堂，他便觉得自己是个不忠不孝之人。为了躲避清军的追捕及避免剃发的耻辱，他在诸暨的云门寺落发为僧。但佛门的清静并不能使他的内心平静下来。他改号悔迟、悔僧，一个"悔"字，便将他内心的纠结展露无遗。孟远在《陈洪绶传》中是这么写的："大兵渡江东，（陈洪绶）即披剃为僧，更名悔迟，既悔碌碌尘寰致身之不早，而又悔才艺誉名之滋累，即忠孝之思、匡济之怀、交友语言，昔日之皆非也。"[1] 总之，他的这个"悔"字，包含着深刻的自我反省与批判。所谓"自悔曾为世俗儒"[2]，或许是对当初追逐功名的否定，只不过这种否定的背后深藏着理想破灭之后的心有不甘，这使得他的晚年生活抑郁多于舒畅。内心的煎熬始终折磨着他，唯有靠更加疯狂地酗酒来麻醉自己，他的健康因此受到严重的损害。虽然在他生命的最后时光，西湖的山光水色给了他一些抚慰，但他的人生已不可逆转，终于在顺治九年（1652）的深秋时节，走完了一个伟大艺术家五十四年的生命历程。一出人生悲剧就此落幕。

---

1 [清]孟远：《陈洪绶传》，转引自吴敢、王双阳：《丹青有神：陈洪绶传》，浙江人民出版社 2008 年 11 月版，140 页。
2 [清]陈洪绶：《宝纶堂集》卷八《云门寺九日》，转引自吴敢、王双阳：《丹青有神：陈洪绶传》，浙江人民出版社 2008 年 11 月版，145 页。

傅山：至死不渝的不合作主义

今天的人们也许不做如是想了,

似乎已经接受了近现代以来新的民族认同。

但是,

生活在四百多年前明清交替之际的傅山,

却不能不认真对待"华夷之辩"这个问题。

1981年秋季,我在《山西日报》实习,住的地方离太原城里著名的柳巷很近,有人就拉我去吃"清和元"的头脑。据说,这道早餐是傅山发明的,而这家老店的牌匾,便出自傅山的手笔,其中的寓意不言自明。传达出来的,正是民间社会对异族统治的一种态度。人们从"吃'清和元'的头脑"这句日常用语中所得到的,是一种会心的快感。

今天的人们也许不做如是想了,似乎已经接受了近现代以来新的民族认同。但是,生活在四百多年前明清交替之际的傅山,却不能不认真对待"华夷之辩"这个问题。

傅山,字青主,山西太原府阳曲县人氏,梁启超谓之清初山西学术唯一可述者——"以气节文章名于时"[1]。其实,傅山的身份远比梁启超所说的复杂得多。首先,他是个大书法家和画家,《清史列传·傅山》说他"工分隶及金石篆刻,画入逸品,赵执信推山为国朝第一"[2]。其次,他的医术也很高明,尤精于妇科,有《傅青主女科》《傅青主男科》名世,至今仍为医学界所看重。过去人们认为,汉代名医张仲景"有神思而乏高韵",所以他才选择了行医;傅山却能二者兼得,

---

1 梁启超:《近代学风之地理的分布》,《饮冰室合集》文集之四十一,中华书局1989年3月版,57页。
2 王钟翰点校:《清史列传》卷七一,文苑传二,中华书局2005年版,5789页。

"即擅高韵,又饶精思",故称"贤者不可测如是"[1]。

行医是傅山的主要收入来源,此外还有书画,特别是书法。然而,鬻书卖画让他感到很不爽。尽管有时不得不以此来换取生活必需品,但他对这种做法是打心底里抵触的,特别是在晚年,他甚至痛恨那些逼他卖字的"俗物",他说:"文章小技,于道未尊。况兹书写于道何有?吾家为此者,一连六七代矣,然皆不为人役。至我,始苦应接俗物。每逼面书,以为得真,其实对人作者,无一可观。且先有忿懑于中,大违心手,造适之妙,真正外人那得知也。"[2]所以,他把那些应酬之作称为"死字""死画""死诗文",非天机浩气所发,徒然使人受苦。

行医则完全不同,行医所得固然可以维持一家人的日常生活,而更重要的,"若医者,先生所以晦迹而逃名者也"[3]。也就是说,傅山是以行医的方式逃避官府的骚扰,特别是新朝廷的骚扰。所以,明清易代之后,他便在太原城里开了一家药铺,由儿子傅眉经营,自己则住在郊外。据《清史稿》记载,傅山还经常与儿子傅眉"共挽一车",四处去卖药。由

---

1 [清]傅山著,杨鉴冰、王宗柱译解:《傅青主女科白话解》,张风翔序,三秦出版社2000年1月版,1页。
2 侯文正、张厚余、方涛选注:《傅山诗文选注》,山西人民出版社1985年8月版,532—533页。
3 [清]傅山著,杨鉴冰、王宗柱译解:《傅青主女科白话解》,张风翔序,三秦出版社2000年1月版,1页。

于在经济上完全可以自主——虽然时有来自地方官员以朋友身份给予的私下资助——他也就可以不买新朝廷的账，始终保持着特立独行的不合作的气节，犹如梁启超所言，"以气节文章名于时"。

傅山的文章历来不为人所重，一个很重要的原因是他的医术和书法名气太大，其他方面的成就反而被遮蔽了。事实上，他是山西学术圈的核心人物。他在音韵学、金石学、考据学这三个清初学者用力最多的领域，都有很深的学养。他对史学也表现出浓厚的兴趣：早年编纂而成的《两汉书姓名韵》，是研究汉代历史不可多得的工具书；晚年作《左锦》，这是一部研究《左传》的专著，也为一些学者所瞩目；他还写过一部《性史》，专门讨论心性的问题，可惜在战乱中遗失了，从留下的片言只语中还能看到王阳明心学和李贽学说对他的影响，他自称其中"皆反常之论"[1]。

不过，傅山最为人称道的还是气节。《清史稿》谈到其中的原因："明季天下将乱，诸号为搢（缙）绅先生者，多迂腐不足道，愤之，乃坚苦持气节，不少婟嫪。"[2] 在一个精神萎

---

1 白谦慎：《傅山的世界：十七世纪中国书法的嬗变》，生活·读书·新知三联书店 2006 年 4 月版，95 页。
2 [清]赵尔巽等：《清史稿》卷五百一，列传二百八十八，遗逸二，中华书局 1977 年 8 月版，13855 页。

靡、信仰缺失的年代，太多的士子文人选择向世俗社会的价值观妥协，他却毫不犹豫地坚守气节，不计较个人得失，终于脱颖而出，享誉士林。明崇祯七年甲戌（1634），山西提学佥事袁继咸被巡按御使张孙振陷害，以贿赂罪被捕，押送京城受审。袁继咸这个人，一生起起落落，原因之一就是敢说话，不徇私情，得罪了不少人。他来山西之前，总理户、工二部的大宦官张彝宪曾有"朝觐官赍册"之奏，袁继咸站出来反对，他上疏指出："此令行，上自藩臬，下至守令，莫不次第参谒，屏息低眉，跪拜于中官之座，率天下为无耻事，大不便。"[1]对于此事，皇帝没有态度，这招致了张彝宪对他的怨恨。山西巡按御使张孙振既听命于中官，而且之前有事请袁继咸帮忙，遭到袁的拒绝，觉得很没面子，于是竟上疏诬陷袁继咸因私受贿。

傅山便是袁继咸的学生。袁继咸执掌三立书院期间，傅山曾在这里读书，是三百余名生员中的一个。袁继咸被人诬告，陷于京师狱中。傅山得知消息后，很为老师鸣不平，遂变卖家产，筹措万余金，约同学曹良直、薛宗周等百余人赴北京向朝廷请愿，为身陷囹圄的袁氏申冤。他们本想通过通政司将疏文递给朝廷，但通政司参议袁鲸与张孙振是好朋友，借口疏文不合规格而拒绝递交，暗中竟将副本转给在山西的

---

[1] [清]张廷玉等：《明史》卷二百七十七，列传一百六十五，中华书局1974年4月版，7085—7086页。

张孙振。张孙振大为恼怒，以迫害傅山的弟弟傅止相威胁，傅山置之不理。在三次上疏均遭拒绝后，他和同学改变策略，走上街头，将傅山起草的揭帖投于京城大小各衙门，路遇官员或宦官，他们也奉上一份，希望能被皇帝看到。这时，山西巡抚吴甡亦上疏皇帝，为袁继咸辩诬。袁继咸更将张孙振请他办事并贿赂他的材料呈给皇帝，终于使案情大白于天下。于是，次年一月，"诏逮孙振，坐谪戍，继咸得复官"[1]。

山西学子因这次勇敢而成功的行动，在士林博得一片喝彩之声，傅山亦"以此名闻天下"[2]。他生于明万历三十五年丁未（1607），如今已近而立之年，但他对所谓功名似乎并不太在意。虽说在三立书院期间也曾于崇祯九年（1636）、十二年（1639）、十五年（1642）参加过三次乡试，却都铩羽而归，其原因恐怕就在于他的主要精力并没放在举业上。八股制艺这种死板、教条的写作方式，对他这种个性突出、思想活跃的人来说，简直是莫大的痛苦。他以举业不足习，而对经世致用之学表现出极大的兴趣。他读十三经，读诸子，读史书，或如上面所言，致力于金石考据，以及各种与科举无关的学问。这至少表明，他对科举考试与经世致用严重脱节的事实

---

1 ［清］张廷玉等：《明史》卷二百七十七，列传一百六十五，中华书局1974年4月版，7086页。
2 ［清］赵尔巽等：《清史稿》卷五百一，列传二百八十八，遗逸二，中华书局1977年8月版，13855页。

是早有认识的,他甚至已经明显表现出对时局的失望,以及对王朝崩溃的担忧,但这并不影响他对大明王朝的感情。

崇祯十七年甲申(1644),李自成经山西进军北京,至三月十九日,北京失守,崇祯皇帝缢死于煤山。四月,清军借讨伐李自成的名义,进山海关,攻占北京。十月,太原陷落。不久,北方诸省均被清军所控制。而此前八月,傅山已出家做了道士,脱下儒生装束,披上了红色道袍,自号"朱衣道人",其中便暗含了着朱家之衣、不肯降清之志,而道士的身份也为他逃避清朝强制薙发提供理由,并掩饰他的反清活动。他在一首诗中写道:

> 铁脊铜肝杖不糜,山东留得好男儿。
> 橐装倡散天祯俸,鼓角高鸣日月悲。
> 咳唾千夫来虎豹,风云万里泣熊罴。
> 山中不诵无衣赋,遥伏黄冠拜义旗。[1]

实际上,甲申国变之际,傅山写了数十首诗表达他对明王朝深沉的哀思。其中《龙门山径中》就写到他做道士后的矛盾心情:

---

[1] [明]傅山:《风闻叶润苍先生举义》,侯文正、张厚余、方涛选注:《傅山诗文选注》,山西人民出版社 1985 年 8 月版,303—304 页。

> 贫道初方外，兴亡着意拼。
> 入山直是浅，孤径独能盘。
> 却忆神仙术，如无君父关。
> 留侯自黄老，始终未忘韩。[1]

傅山不是没考虑过"死国"或所谓"主辱臣死"的问题。尽管他并非明朝皇帝的臣子，但"君亡与亡"是当时一般士人都认可的道德律令。所以他说，"三十八岁尽可死"。甲申年他虚岁三十八岁，尽可以随着崇祯皇帝而选择死；但"栖栖不死复何言"——又如何解释呢？他用了徐庶和庾信的例子，来说明自己的处境，"徐生许下愁方寸，庾子江关黯一天"[2]。一方面是亲子之孝，对年迈的母亲负有责任，一方面是故国之思，不能释怀。这应该是傅山不死节的主要原因，也是当时许多士大夫的选择。他在许多诗中都提到了母亲，如"哭国书难著，依亲命苟逃"[3] "依膝有老母，远心无故乡"[4] "飞灰不奉先朝主，拜节因于老母迟"[5] "自叹于老母，负米未伸

---

1 [明]傅山．《龙门山径中》，侯文正、张厚余、方涛选注：《傅山诗文选注》，山西人民出版社1985年8月版，307页。
2 侯文正、张厚余、方涛选注：《傅山诗文选注》，山西人民出版社1985年8月版，309页。
3 侯文正、张厚余、方涛选注：《傅山诗文选注》，山西人民出版社1985年8月版，312页。
4 侯文正、张厚余、方涛选注：《傅山诗文选注》，山西人民出版社1985年8月版，314页。
5 侯文正、张厚余、方涛选注：《傅山诗文选注》，山西人民出版社1985年8月版，320—321页。

由"[1]以表达忠孝难以两全的内心冲突。《清史稿》也曾记述"甲申后，山改黄冠装，衣朱衣，居土穴，以养母"[2]。

然而，傅山却未能远离清初政治的旋涡。清顺治十一年甲午（1654），河南宋谦谋叛案事发，傅山被牵连其中。六月，他被捕入太原府狱，同时被捕的还有弟弟傅止、儿子傅眉，以及几位"同党"。因他以"朱衣道人"闻名，故此案又称"朱衣道人案"。事情的起因是南明总兵宋谦在晋中、晋南、晋东南及冀南和豫北边界组织武装起义，不幸事败被捕。审讯中，宋谦供称："傅青主，太原人，生员（秀才），今已出家作道人，身穿红衣，号为红衣道人，在汾州一带游食访人，系知情。"[3]于是，傅山亦作为"叛逆钦犯"入狱受审。面对审讯他的人，傅山咬定未与姓宋的见过面。最后一次宋谦带了书信和礼物来，要请傅山给友人治病，傅山因怀疑他的动机，"书也不曾拆，礼单也不曾看"，又拒绝了他，他骂着走了，就算是把他得罪了。当时，布政司的魏经略（魏一鳌）正好来求药方，可以作证。[4]

有人善意地猜测，傅山的这番话是"假口供"，编了骗官

---

1 侯文正、张厚余、方涛选注：《傅山诗文选注》，山西人民出版社1985年8月版，329页。
2 [清]赵尔巽等：《清史稿》卷五百一，列传二百八十八，遗逸二，中华书局1977年8月版，13855页。
3 何高民：《关于朱衣道人案的题本》，《晋阳学刊》1982年第5期，108页。
4 何高民：《关于朱衣道人案的题本》，《晋阳学刊》1982年第5期，109页。

府的。或许当时审他的人也这样想。因此，在关押期间，傅山受尽了折磨，官府的目的就是让他认罪。但他抗词不屈，绝食九天，以证明自己的清白。他还信誓旦旦地说，如果把他放在一群人里，姓宋的能认出他来，他情愿认罪。由于宋谦已经被杀，死无对证，而最关键的，又有魏一鳌出面证实了他的供词，他的门人、朋友有在清政府中为官的，也多方营救，终于使他在被关一年之后无罪释放。朋友们都庆幸他的大难不死，然而傅山却"深自咤恨，谓不若速死为安"[1]。他作了一首诗，表达这种愧疚之情：

> 病还山寺可，生出狱门羞。
> 便见从今日，知能度几秋。
> 有头朝老母，无面对神州。
> 冉冉真将老，残编腼再抽。[2]

诗中，傅山责备自己未能死在狱中，而苟活于世间，再无颜面对神州大地。另有一层意思他在诗里没说，即与他同案的萧峰、朱振宇、张鏏三人的悲惨结局一直折磨着他，使他在心理上有一种愧疚感。萧峰被处绞刑，朱、张二人被处

---

[1] 赵尔巽等：《清史稿》卷五百一，列传二百八十八，遗逸二，中华书局 1977 年 8 月版，13855 页。
[2] ［明］傅山：《山寺病中望村侨作》，侯文正、张厚余、方涛选注：《傅山诗文选注》，山西人民出版社 1985 年 8 月版，106 页。

以杖刑后流放三千里外，生还的傅山对此不可能无动于衷。他很清楚，是声望和人脉保全了他的性命，但"同党"之死毕竟让活下来的人有一种不光彩的感觉。他不仅无颜面对神州大地，更无颜面对新朋旧友。他会觉得，这与"附逆"于新朝去做官没有什么区别。于是，性命的保全反而在心理上构成了对他的羞辱，这是令他难以接受的。我们从他对赵孟頫的态度转变中，多少也能体会到他对自己的失望。

赵孟頫，字子昂，号松雪道人，本为赵宋宗室，却在宋亡后侍奉元朝，官翰林学士承旨，成为"贰臣"。赵孟頫集晋、唐书法之大成，尤工行、楷。傅山在《作字示儿孙》中曾提到，年轻时，他是醉心于赵孟頫书法的，"偶得赵子昂、香光诗墨迹，爱其圆转流丽，遂临之，不数过而遂欲乱真"。但年长后，特别是在清军入关、朱明覆亡之后，他深切意识到赵孟頫的道德问题，"纲常叛周孔，笔墨不可补"，再看赵的书法，就不那么单纯地以书法论书法了，"行大薄其为人，痛恶其书浅俗，如徐偃王之无骨"。他甚至对董其昌称赞赵孟頫为"五百年中所无"（一说三百年）大为不满，说贫道"乃今大不解"。但他也承认，赵孟頫"是用心于王右军者，只缘学问不正，遂流软美一途"。于是他提醒儿孙注意，"心手之不可欺也如此，危哉！危哉！尔辈慎之！"[1]

---

[1] ［明］傅山：《作字示儿孙》，侯文正、张厚余、方涛选注：《傅山诗文选注》，山西人民出版社 1985 年 8 月版，29 页。

以政治为标准来谈论书法艺术，或为今人所不齿。但作为明朝遗民的傅山，这种选择却包含着他对故国的情思，以及一个古代知识分子"富贵不能淫，贫贱不能移，威武不能屈"[1]的气节。大丈夫当如是也！这样看来，当代许多知识分子比之于傅山，或应该汗颜。很显然，傅山在其晚年贬斥仕元的赵孟頫，而赞颂"忠君爱国"的颜真卿，不仅是艺术审美风格的重新选择，更是对明朝遗民身份的强调和表达。他对儿孙的提醒，又何尝不是对自身的警醒和鞭策呢？事实上，傅山晚年时对匡复明室已不抱任何希望，而大多数汉族精英对清政府的态度也在发生改变，但在气节这个原则性问题上，傅山仍然十分警惕，恰如顾炎武在为戴廷栻撰写的《傅山小传》所题跋语中所说："行藏两途是人一生大节目，古圣前贤皆于此间着意，一失其身，百事瓦裂，戒之戒之。"[2]

清康熙十七年戊午（1678），诏举鸿博，即著名的博学鸿儒特科考试，是傅山一生经历的最后一个大节目。据说，各地举荐的学者多达一百八十余位，包括朱彝尊、阎若璩、李因笃、干弘撰、潘耒、曹溶、陈僖、李颙等。其中李颙绝食五天迫使地方官员知难而退，同意他不参加这次考试；曹溶则以丁忧为由，未赴北京。在各地官员的不懈努力下，有大

---

1 杨伯峻译注：《孟子译注》（上），中华书局1960年1月版，141页。
2 ［清］戴廷栻：《石道人别传》，转引自白谦慎：《傅山的世界：十七世纪中国书法的嬗变》，生活·读书·新知三联书店2006年4月版，257页。

约一百五十位被荐学者来到北京。傅山是由京官李宗孔举荐的，最初他一再"固辞"，以生病为理由拒绝赴京。他有一首诗《病极待死》，就作于此时：

> 生既须笃挚，死亦要精神。
> 性种带至明，阴阳随屈伸。
> 誓以此愿力，而不坏此身。
> 世世生膝下，今生之二亲。
> 莫谓恩爱假，父母爱我真。
> 佛谓恩难报，不必问诸人。[1]

在这里，他已经表明了自己的心迹，尽管地方官府并不放过他。阳曲县知县戴梦熊是他的朋友，亲备驴车，极力劝行。为了不让朋友为难，不得已，他同意在傅眉和两个孙子陪同下启程前往北京。但他打定主意，绝不参加考试，这是他的底线。因为对他来说，参加考试就等于承认了清政府的合法性，是一种向新朝廷妥协的行为，作为明朝遗民，除了拒绝，他别无选择。所以，他们一行"至京师二十里（一说三十里），誓死不入"，停宿在崇文门外一个荒寺（圆教寺）中。这一次，他抱定了必死的信念，倘若朝廷执意要他参加考试，便以死殉节。这时，他的老朋友、都察院左都御史魏

---

[1] [明]傅山：《病极待死》，侯文正、张厚余、方涛选注：《傅山诗文选注》，山西人民出版社1985年8月版，48页。

象枢乃"以老病上闻，诏免试，加内阁中书以宠之"[1]。有传说，傅山一直未领此衔。大学士冯溥（益都）要求他向皇帝谢恩，并称："恩命出自格外，虽病，其为我强入一谢。"傅山此时已绝食七天，不能动，冯溥"乃强使人舁以入。望见午门，泪涔涔下。益都强掖之使谢，则仆于地。蔚州（魏象枢）进曰：'止！止！是即谢矣！'"[2]。第二天，傅山一行便离开北京，踏上了归乡的行程。"大学士以下皆出城送之。先生（傅山）叹曰：'自今以还，其脱然无累哉！'既而又曰：'后世或妄以刘因（理学家，由金入元，祖上为汉人，傅山认为，他虽为理学家，却弃"华夷之辩"这个最重要的道德原则于不顾）辈贤我，且死不瞑目矣！'闻者咋舌。"[3]

五年后，傅山在儿子傅眉病逝四个月后也匆匆告别了人世，享年七十六岁。他有一句名言，是我最喜欢的："宁拙毋巧，宁丑毋媚，宁支离毋轻滑，宁直率毋安排。"[4]《清史稿》称："此言非止言书也。"[5]的确，这也是傅山人格的写照。

---

1 [清]赵尔巽等：《清史稿》卷五百一，列传二百八十八，遗逸二，中华书局1977年8月版，13856页。
2 [清]全祖望：《阳曲傅先生事略》，转引自《傅山年谱》，侯文正、张厚余、方涛选注：《傅山诗文选注》，山西人民出版社1985年8月版，664页。
3 [清]全祖望：《阳曲傅先生事略》，转引自《傅山年谱》，侯文正、张厚余、方涛选注：《傅山诗文选注》，山西人民出版社1985年8月版，665页。
4 [明]傅山：《作字示儿孙》，侯文正、张厚余、方涛选注：《傅山诗文选注》，山西人民出版社1985年8月版，29页。
5 [清]赵尔巽等：《清史稿》卷五百一，列传二百八十八，遗逸二，中华书局1977年8月版，13856页。

李贽：中国的路德？

在大明王朝已经走到尽头的时候,

"思想家的极端进步或者绝对保守,

最后的结果,

都是无分善恶,

统统不能在事业上取得有意义的发展,

有的身败,

有的名裂,

还有的人则身败而兼名裂"。

最早听说李贽，是在"评法批儒"的时候，当时称他为"中国封建社会后期尊法反儒的代表人物"，认为"李贽的思想深刻地反映了当时意识形态领域阶级斗争和路线斗争的某些侧面，在中国封建社会后期儒法斗争史上占有重要地位"[1]。这种论调现在看来属于无稽之谈，当初却被视为至论。李贽的著作一时多被出版，如《藏书》《续藏书》《焚书》《续焚书》《初潭集》《史纲评要》《四书评》等，不仅有普通版本，还有为官员准备的大字本，受重视程度之高，在当年亦属少见。

后来有了《万历十五年》。黄仁宇的观点当时读来确有石破天惊之感。我的这个题目，就是从黄仁宇那里来的。固然，这不是一个全称肯定判断，事实上，任何类比都可能出现误差，但他的这个说法为我们重新认识李贽打开了思路。他在讲到李贽被捕后的表现时说道："这种精神和路德的倔强相似。他认为每个人都可以根据自己的意见解释经典，这也和宗教革命的宗旨，即'凡信徒即为长老'的态度相似。但李贽没有路德的自恃，也缺乏伊拉斯谟的自信。在他自裁以后气绝以前，他用手指写了王维的一句诗以解释他的死因：'七十老翁何所求！'其消极悲观的情绪已显然可见。"[2]

---

1 厦门大学历史系编：《李贽研究参考资料》第一辑，编辑说明，福建人民出版社1975年3月版。
2 ［美］黄仁宇：《万历十五年》，中华书局1982年5月版，205页。

再后来，读梁启超的《中国近三百年学术史》，看他对晚明士大夫社会表现出深深失望，竟然把当年"清流浊流"的较量，说成是"王阳明这面大旗底下一群八股先生和魏忠贤那面大旗底下一群八股先生打架"。至于李贽，他也毫不客气地说："何况王阳明这边的末流，也放纵得不成话，如何心隐（本名梁汝元）、李卓吾（贽）等辈，简直变成一个'花和尚'。他们提倡的'酒色财气不碍菩提路'，把个人道德社会道德一切藩篱都冲破了，如何能令敌派人心服。"[1]梁启超的这番话，针对的是晚明学术放诞空言、不求实务的学风，以为他们对明朝的灭亡负有责任。

梁启超的意见是从治国平天下的角度强调经世致用的重要性，认为明心见性一路在明末已走火入魔，成为异端邪说。他引顾炎武（亭林）的话说："刘、石乱华，本于清谈之流祸，人人知之。孰知今日之清谈，有甚于前代者。昔之清谈谈老庄，今之清谈谈孔孟。未得其精，而已遗其粗；未究其本，而先辞其末。不习六艺之文，不考百王之典，不综当代之务，举夫子论学论政之大端一切不问，而曰'一贯'，曰'无言'。以明心见性之空言，代修己治人之实学。股肱惰而万事荒，爪牙亡而四国乱，神州荡覆，宗社丘墟。昔王衍妙善玄言，自比子贡，及为石勒所杀，将死，顾而言曰：'吾曹

---

[1] 梁启超：《中国近三百年学术史》，东方出版社1996年3月版，4—5页。

虽不如古人，向若不祖尚浮虚，戮力以匡天下，犹可不至今日。'今之君子，得不有愧乎其言。"[1]

然而，人和事的复杂性有时会超出我们的想象，至于李贽，一个在历史上产生过重大影响的思想家，更不能以简单、武断的态度对待之。李贽，原姓林，名载贽，字宏甫，号卓吾（又作笃吾），福建泉州府晋江县（今泉州）人氏，生于明嘉靖六年丁亥（1527），"自六七岁丧母，便能自立"[2]。其父李白斋是位名气很大的塾师，他七岁随父读书，习礼文。但李贽似乎从小就很有怀疑精神，他自叙其幼年性格"倔强难化，不信学，不信道，不信仙、释，故见道人则恶，见僧则恶，见道学先生则尤恶"[3]。十二岁时，因不满孔子对其学生樊迟问农事的指责，他作《老农老圃论》，赢得同学们的赞扬，都说"白斋公有子矣"。而李贽却说："吾时虽幼，早已知如此臆说未足为吾大人有子贺，且彼贺意亦太鄙浅不合于理。"[4]但对白斋公来说，儿子小小年纪就如此叛逆，令人担忧也未可知。

---

[1] [清] 顾炎武：《日知录》卷七《夫子之言性与天道》，转引自梁启超：《中国近三百年学术史》，东方出版社1996年3月版，6—7页。

[2] [明] 李贽：《续焚书》卷一《与耿克念》，转引自林海权：《李贽年谱考略》，福建人民出版社1992年11月版，7页。

[3] [明] 李贽：《阳明先生年谱后语》，转引自林海权：《李贽年谱考略》，福建人民出版社1992年11月版，13页。

[4] [明] 李贽：《卓吾论略》，转引自林海权：《李贽年谱考略》，福建人民出版社1992年11月版，12页。

嘉靖三十一年壬子（1552），李贽参加福建乡试，得中为举人。历来人们都把"金榜题名时"看作人生一大幸事，他却认为此事纯属侥幸，而且说："吾此幸不可再侥。"在他看来，科举考试没什么了不起。"此直戏耳"，"但剽窃得滥目足矣，主司岂一一能通孔圣精蕴者耶"。于是，"取时文尖新可爱玩者，日诵数篇，临场得五百。题旨下，但作缮写誊录生，即高中矣"[1]。此后，他再没参加北京的会试，也就失去了进士及第的机会。袁中道《李温陵传》、吴虞《明李卓吾别传》说他"以道远，不再上公车"[2]。清嘉庆十二年（1807）泉州发现的《凤池林李宗谱》则认为另有原因，即"以乏困不再上公车"[3]。这里所强调的都是客观条件，就当时的考试制度来看，朝廷对举人进京参加会试是有安排的，"道远""乏困"都不是理由，除非他根本不想参加考试。

不过，当时李贽家里的经济状况的确不好。于是，他不得不"假升斗之禄以为养"[4]。虽然他很赞赏陶渊明的"不为五斗米折腰"，以乞食为耻，不肯受世间管束，但肚子饿总是现

---

1 [明]李贽：《卓吾论略》，转引自林海权：《李贽年谱考略》，福建人民出版社1992年11月版，27页。
2 [明]袁中道：《李温陵传》，吴虞：《明李卓吾别传》，分别见厦门大学历史系编：《李贽研究参考资料》第一辑，福建人民出版社1975年3月版，11页、38页。
3 林海权：《李贽年谱考略》，福建人民出版社1992年11月版，31页。
4 清嘉庆十二年泉州《凤池林李宗谱·老长房八世祖伯乡进士姚安郡守名宦乡贤卓吾公传》，转引自林海权：《李贽年谱考略》，福建人民出版社1992年11月版，31页。

实问题，躲不过去。所以，他在二十九岁那年，不得已而出任河南辉县教谕，并将父亲接来供养。他在辉县五年，只是应付差事，也没有什么朋友，过得并不愉快，故去任时深为感叹："在百泉（辉县城外苏门山上有百泉）五载，落落竟不闻道！"[1] 后被擢为南京国子监博士，不久即因父亲去世而停职丁忧，回乡守制。三年服满，他携眷入京求职，等了一年零八个月，才得到一个国子监博士的职位。在这期间，盘缠用尽，有时几天找不到可食之物，全家人只好挨饿。他只好假馆授徒，以教书糊口。不久，祖父去世的消息传到北京，二儿子也在此时病死。奔丧南归之前，他将上司和朋友送的赙仪分出一半，在河南辉县买了田地，把妻女安置下来，让她们耕作自食，自己则带了另一半银两，回泉州安葬家人，以求入土为安。而等他安葬的，不仅有刚去世的祖父及儿子，还有前几年去世的父亲和五十多年前去世的曾祖父、曾祖母，祖孙三代共灵柩五口。他在泉州东门外长沟头选择了一块茔地，造了一座三世合葬的坟墓，最终实现了"必令三世依土"[2] 的夙愿。

李贽在泉州服祖父丧，他的妻女在数千里之外的辉县靠

---

[1] [明]李贽《卓吾论略》，转引自林海权：《李贽年谱考略》，福建人民出版社1992年11月版，37页。
[2] [明]李贽：《卓吾论略》，转引自林海权：《李贽年谱考略》，福建人民出版社1992年11月版，45页。

种田织布为生。那一年河南大旱，庄稼颗粒无收，两个女儿病饿而死，另一个女儿和妻子黄宜人因朋友接济才侥幸活了下来。三年后，他与大难不死的妻女重相聚，"秉烛相对，真如梦寐矣"[1]。他曾有过四男三女，除了大女儿，其他六个孩子都因贫病交困而先后死去。这种恶劣的生活条件一直伴随着他，即使是在礼部司务和南京刑部员外郎任上这十年，他的官俸也是很微薄的，甚至不足以糊口，直到他就任云南姚安府知府后，有了各项"常例"和其他收入，生活才逐渐有所改善。但他似乎很少考虑家人的生计问题，他入滇途中经过黄安，便将其女及女婿留在这里，住在耿定理家的五柳别墅。最初，他想只身入滇，把妻子也留下，但其妻黄氏强要同行，遂"与偕行至姚安"[2]。他并不否认做官的目的就是追逐名利，但他却能"节俭自将而惠不啬己"[3]，袁中道《李温陵传》也说，李贽在姚安任上，清廉简朴，于"禄俸之外，了无长物"[4]，离开姚安时，当地"士民攀卧道间，车不得发。车中仅图书数卷"[5]。他有钱的时候不多，耿定力说："卓吾艾年拔

---

1 [明]李贽：《卓吾论略》，转引自林海权：《李贽年谱考略》，福建人民出版社1992年11月版，49页。

2 [明]顾养谦：《赠姚安守温陵李先生致仕去滇序》，转引自林海权：《李贽年谱考略》，福建人民出版社1992年11月版，91页。

3 [明]李元阳：《姚安太守卓吾先生善政序》，转引自林海权：《李贽年谱考略》，福建人民出版社1992年11月版，113页。

4 [明]袁中道：《李温陵传》，厦门大学历史系编：《李贽研究参考资料》第一辑，福建人民出版社1975年3月版，11页。

5 民国《姚安县志》卷二十九《李贽传》，转引自林海权：《李贽年谱考略》，福建人民出版社1992年11月版，113页。

绂，家无田宅，俸余仅仅供朝夕。"[1]然而，一旦有了钱，"或以千金与人，如弃草芥"[2]，耿定力也说他"乐善好施，不问有余，悉以振人之急"[3]。他刚到姚安时，看到"庙学颓圮"，马上"罄俸以营之"[4]。李元阳还作诗称赞他："姚安太守古贤豪，倚剑青冥道独高。僧话不嫌参吏牍，俸钱常喜赎民劳。"[5]

李贽在姚安干得不错，上司欣赏，同僚夸奖，士民赞颂，"巡按刘维及藩臬两司汇集当时士绅名人赠言为《高尚册》，以彰其志"[6]。很多人都看出，李贽前途无量，很快就会"加恩或上迁"[7]。但在离知府任职期满尚有数月之时，他却携家眷到楚雄见巡按刘维，请求辞官。刘维"奇其节，疏令致仕以归"[8]。与他在学术上针锋相对的骆问礼，此时正丁忧在家，得

---

1 [明]耿定力：《诰封宜人黄氏墓表》，转引自林海权：《李贽年谱考略》，福建人民出版社1992年11月版，109页。
2 [明]焦竑：《书宏甫高尚册后》，转引自林海权：《李贽年谱考略》，福建人民出版社1992年11月版，114页。
3 [明]耿定力：《诰封宜人黄氏墓表》，转引自林海权：《李贽年谱考略》，福建人民出版社1992年11月版，114页。
4 [明]李元阳：《姚安太守卓吾先生善政序》，转引自林海权：《李贽年谱考略》，福建人民出版社1992年11月版，92页。
5 [明]李元阳：《卓吾李太守自姚安命驾见访因赠》，转引自林海权：《李贽年谱考略》，福建人民出版社1992年11月版，101页。
6 [明]民国《姚安县志》卷二十九《李贽传》，转引自林海权：《李贽年谱考略》，福建人民出版社1992年11月版，113页。
7 [明]顾养谦：《赠姚安守温陵李先生致仕去滇序》，转引自林海权：《李贽年谱考略》，福建人民出版社1992年11月版，91页。
8 [明]袁中道：《李温陵传》，厦门大学历史系编：《李贽研究参考资料》第一辑，福建人民出版社1975年3月版，11页。

悉李贽辞官的消息，复信杨道会（号贯斋），说："卓吾兄洁守宏才，正宜晋用，而归志甚急。不孝力挽。三年屈首，非其本心，今遂其高矣。士类中有此，真足为顽儒者一表率。近世儒者高谈仁义，大都堂奥佛老而支离程朱，至于趋炎附热，则无所不至，视此老有余愧矣。"[1] 很显然，士林对李贽辞官的反应多为理解、欣赏乃至赞赏。然而，家人似乎并不理解他的这种行为。虽说妻子黄宜人是出了名的贤淑，并不反对他辞官，而且表示愿与他同隐深山，但李贽在得到允许可以辞官后，仍滞留云南，不肯动身，让宜人感到十分担忧。顾养谦曾经写道："及至滇，而先生果欲便家滇中，则以其室人昼夜涕泣请，将归楚之黄安。盖先生女若婿皆在黄安依耿先生以居，故其室人第愿得归黄安云。"[2] 李贽后来很感激顾养谦，他在写给焦竑（弱侯）的信中说："我当时送顾中丞入贺，复携妻室回府，此时已将魂灵付托顾君入京邸去矣。数月间反反复复，闭门告老，又走鸡足，虽吾宜人亦以我为不得致其仕而去而闷也。及已准告老矣，又迟回滇中不去，遍游滇中山，吾岂真以山水故舍吾妻室与爱女哉！"[3]

---

1 [明]骆问礼：《万一楼集》卷二十六《复杨贯斋》，转引自林海权：《李贽年谱考略》，福建人民出版社1992年11月版，114页。

2 [明]顾养谦：《赠姚安守温陵李先生致仕去滇序》，转引自林海权：《李贽年谱考略》，福建人民出版社1992年11月版，115页。

3 [明]李贽：《续焚书》卷一《寄焦弱侯》，转引自林海权：《李贽年谱考略》，福建人民出版社1992年11月版，112页。

李贽在辞官的第二年初夏携家眷来到湖北黄安,寄居在耿氏兄弟家里。他有意选择黄安作为终老之所,是因为这里有朋友,生活不用发愁。袁中道《李温陵传》载:"初与楚黄安耿子庸(定理)善,罢郡遂不归。曰:'我老矣,得一二胜友,终日晤言以遣余日,即为至快,何必故乡也。'遂携妻女客黄安。"[1] 他自己也曾说过:"新邑(指黄安)僻陋实甚。然为居食计,则可保终老,免逼迫之忧。何者?薪米便也。"[2] 他们似乎讨论过回老家泉州还是定居黄安的问题,李贽的意见显然占了上风。他说到不愿回乡的理由:"缘我平生不爱属人管……弃官回家,即属本府本县公祖父母管矣。来而迎,去而送;出分金,摆酒席;出轴金,贺寿旦。一毫不谨,失其欢心,则祸患立至,其为管束至入木埋下土未已也,管束得更苦矣。我是以宁漂流四外,不归家也。其访友朋求知己之心虽切,然已亮天下无有知我者;只以不愿属人管一节,既弃官,又不肯回家,乃其本心实意。"[3] 这个理由,与他辞官时所说"怕居官束缚"是同样的道理,都表达了一种对独立、自由的渴望。

---

1 [明]袁中道:《李温陵传》,厦门大学历史系编:《李贽研究参考资料》第一辑,福建人民出版社1975年3月版,11页。
2 [明]李贽:《续焚书》卷一《答骆副使》,转引自林海权:《李贽年谱考略》,福建人民出版社1992年11月版,123页。
3 [明]李贽:《焚书》卷四《豫约·感慨平生》,转引自林海权:《李贽年谱考略》,福建人民出版社1992年11月版,123页。

但问题未能最终解决。黄宜人虽然暂时顺从了李贽的决定，在黄安住了下来，但她始终没有放弃回家的努力。万历十二年（1584），耿子庸（定理）卒，李贽打算离开黄安，到南京去找焦竑（弱侯），后来考虑到焦竑正丁父忧，生活穷困，未必能招待他，就放弃了这个打算。这时，耿定向（天台）之子耿克明想替焦竑在黄安买田置屋，李贽极表赞成，鼓动焦竑前来。他在给焦竑的信中问到妻舅黄屿南是否曾到南京找他，听说黄屿南是来劝他回籍的，他说："黄屿南自别后便无音信，何从得此无根之语耶！弟欲就兄终老，此心未尝顷刻忘，直以贱内日夕欲归，故尔迟迟未决。"[1]看来，直到此时，李贽都未能说服妻子安心留在黄安，而黄宜人也未能说服李贽落叶归根。万历十五年（1587），李贽决定将眷属送回闽中。他在给曾继泉的信中说："后因寓楚，欲亲就良师友，而贱眷苦不肯留，故令小婿小女送之归。然有亲女外甥等朝夕伏侍，居官俸余又以尽数交与，只留我一身在外，则我黄宜人虽然回归，我实不用牵挂，以故我得安心寓此，与朋友嬉游也。"[2]这时，李贽六十一岁，在外漂泊已三十二年。黄宜人终于得以回到久别的故乡。

---

1 [明]李贽：《李氏遗书》卷一《与焦弱侯》，转引自林海权：《李贽年谱考略》，福建人民出版社1992年11月版，142页。
2 [明]李贽：《焚书》卷二《与曾继泉》，转引自林海权：《李贽年谱考略》，福建人民出版社1992年11月版，174页。

黄氏是一位标准的贤妻良母。耿定力《诰封宜人黄氏墓表》说："（卓吾）家窘甚，佐以女红。糟糠不厌，而养其舅白斋公，务致甘脆品。迨卓吾官尚书郎至太守，称贵显矣。宜人甘织，勤同女奴杂作。卓吾艾年拔绂，家无田宅，俸余仅仅供朝夕。宜人甘贫，约同隐深山。卓吾乐善好友，户外履常满，宜人早夜治具无倦容。卓吾轻财好施，不问有余，悉以振人之急，宜人脱珥推食无难色。卓吾以师道临诸弟甚庄，宜人待姊娌如同胞，抚诸从若己出。贤哉宜人，妇道备矣！而卓吾尝曰：'是妇也，惠则惠矣，未知道也！'"[1] 李贽承认妻子很贤惠，但也为她不能理解自己的精神世界而感到遗憾。回到故乡的第二年，黄宜人就在泉州去世了。李贽得到消息已是四十天之后。当时，女婿庄纯夫恰在麻城，于是他写了墓碑碑文交庄纯夫带回镌石。耿定力《诰封宜人黄氏墓表》说："讣闻，卓吾不为恸，而友卓吾者忉怛不胜。"[2] 这显得有些不近人情，朋友都为之感到不胜悲痛和忧伤，他自己怎能"不为恸"呢？其实，黄宜人的死让李贽十分伤心，他曾写下《哭黄宜人》六首表达自己的哀思，后来又作《忆黄宜人》二首，称赞她的贤淑。他写信给女婿庄纯夫，说到与妻子的感情："夫妇之际，恩情尤甚，非但枕席之私，亦以辛勤拮据，有内助之益。若平日有如宾之敬，齐眉之诚，孝友

---

1 [明] 耿定力：《诰封宜人黄氏墓表》，转引自林海权：《李贽年谱考略》，福建人民出版社1992年11月版，21页。
2 林海权：《李贽年谱考略》，福建人民出版社1992年11月版，194页。

忠信，损己利人，胜似今世称学道者，徒有名而无实，则临别尤难割舍也。何也？情爱之中兼有妇行妇功妇言妇德，更令人思念耳。尔岳母黄宜人是矣。独有讲学一事不信人言，稍稍可憾，余则皆今人所未有也。"又说："自闻讣后，无一夜不入梦，但俱不知是死。岂真到此乎？抑吾念之，魂自相招也？"他要庄纯夫持此信在其岳母灵前"苦读三五遍，对灵叮嘱"，叫她"幸勿贪受胎，再托生也"，而要"等我寿终之时，一来迎接"。[1] 黄仁宇说："文字的凄怆，令人不忍卒读。"[2]

不过，李贽的言行还是引起了周围朋友的不安。升任都察院左副都御史不久的耿定向，就担心李贽可能教坏他家子弟，"子庸（耿定理）死，子庸之兄天台公（耿定向）惜其超脱，恐子侄效之，有遗弃（指抛弃功名妻子）之病，数至箴切"[3]。耿定向的这种担心，在他写给周思久的信中说得更加明白："卓吾之学只图自了，原不管人，任其纵横可也。兄兹为一邑弟子宗者，作此等榜样，宁不杀人子弟耶？……惟兄仅一子，孤注耳，血气尚未宁也，兄若以此导之，忍耶？"[4] 在给

---

1 [明] 李贽：《焚书》卷二《与庄纯夫》，转引自林海权：《李贽年谱考略》，福建人民出版社1992年11月版，206页。

2 [美] 黄仁宇：《万历十五年》，中华书局1982年5月版，208页。

3 [明] 袁中道：《李温陵传》，厦门大学历史系编：《李贽研究参考资料》第一辑，福建人民出版社1975年3月版，12页。

4 [明] 耿定向：《耿天台先生文集》卷三《又与周柳塘》第十九书，转引自林海权：《李贽年谱考略》，福建人民出版社1992年11月版，142页。

周思久的另一封信中他又说:"愚尝谓《中庸》不言性之为道,而曰'率性之为道',人误以任情为率性,而不知率性之率,盖由将领统率之率也。目之于色,口之于味等,若一任其性,而无以统率之,如溃兵乱卒,四出房掠,其害可胜言哉!"[1]

对于耿定向的指责,以李贽的好强喜辩,是决不肯沉默不语的,他必定要予以反驳。在《答耿中丞》中,他说:"夫天生一人,自有一人之用,不待取给于孔子而后足也。若必待取足于孔子,则千古以前无孔子,终不得为人乎?"[2] 他不仅不认为必须以孔子之是非为是非,而且还认为,以世人之是非为是非,亦"大谬矣!夫世人之是非,其不足为渠之轻重也审矣,且渠初未尝以世人之是非为一己之是非也。若以是非为是非,渠之行事,断必不如此矣"[3]。在这里,他所强调的是个人的独立和自由,这表现为两个向度,向外要斩断世俗伦理的羁绊,他的弃官、弃家以及最后的弁世出家,都是为反抗世俗伦理所做的努力。在给曾继泉的一封信里,他谈到落发的原因:"其所以落发者,则因家中闲杂人等时时望我归

---

[1] [明]耿定向:《耿天台先生文集》卷三《又与周柳塘》第十九书,转引自林海权:《李贽年谱考略》,福建人民出版社1992年11月版,143页。

[2] [明]李贽:《焚书》卷一《答耿中丞》,转引自林海权:《李贽年谱考略》,福建人民出版社1992年11月版,143页。

[3] [明]李贽:《焚书》卷一《答耿中丞》,转引自林海权:《李贽年谱考略》,福建人民出版社1992年11月版,144页。

去，又时时不远千里来迫我，以俗事强我，故我剃发以示不归，俗事亦决然不肯理也。又此间无见识人多以异端目我，故我遂为异端以成彼竖子之名。兼此数者，徒然去发，非其心也。"[1] 落发的另一原因是不愿接受地方官管束，他自称"流寓客子"，所谓"流寓者，贤隐逸名流也"，而"兼称客子，则知其为旅寓而非真寓"，是可以不受地方官管束的，"然终不如落发出家之为愈。盖落发则虽麻城本地人亦自不受父母管束，况别省之人哉"[2]。可见，为了保持其"独立""自由"的本性，李贽真可谓费尽了心机。然而，他的这种诉求和行为，直接挑战了数千年来形成的以乡土社会为根基的宗法制度和根深蒂固的血亲家族观念，对帝国统治者来说，李贽的危险性首先就在这里。如果任其传播，帝制的统治基础势必被瓦解。所以，以名教卫士自诩的耿定向辈，对李贽这个异端不能不以激烈的批判态度对待之。

另一向度是向内的，即摆脱孔孟程朱的精神束缚，不承认绝对精神权威的存在，主张在孔子面前人人平等，人人可以成为圣人。恰如他所崇敬的王学大师罗汝芳所言："古今学者晓得去做圣人，而不晓得圣人即是自己。"[3] 如果说李贽与路

---

1 [明]李贽：《焚书》卷二《与曾继泉》，转引自林海权：《李贽年谱考略》，福建人民出版社1992年11月版，185页。
2 [明]李贽：《感慨平生》，厦门大学历史系编：《李贽研究参考资料》第一辑，福建人民出版社1975年3月版，8页。
3 [清]黄宗羲：《明儒学案》卷三十四，下册，中华书局2008年1月版，778页。

德确有相通之处的话，应该就表现在这里。他在给耿定向的信中说："圣人不责人之必能，是以人人皆可以为圣。故阳明先生曰：'满街皆圣人。'佛氏亦曰：'即心即佛，人人是佛。'夫惟人人之皆圣人也，是以圣人无别不容道理可以示人也，故曰：'予欲无言。'夫惟人人之皆佛也，是以佛未尝度众生也。无众生相，安有人相；无道理相，安有我相。无我相，故能舍己；无人相，故能从人。非强之也，以亲见人人之皆佛而善与人同故也。善既与人同，何独于我而有善乎？人与我既同此善，何有一人之善而不可取乎？故曰'自耕稼陶渔以至为帝，无非取诸人者'。后人推而诵之曰，即此取人为善，便自与人为善矣。舜初未尝有欲与人为善之心也，使舜先存与善之心以取人，则其取善也必不诚。人心至神，亦遂不之与，舜亦必不能以与之矣。舜惟终身知善之在人，吾惟取之而已。耕稼陶渔之人既无不可取，则千圣万贤之善，独不可取乎？又何必专学孔子而后为正脉也。"[1]

李贽在这里以他自己的方式强调了众生平等。既然人人都是圣人，也就无所谓圣人，更不必求教于圣人，于是有"为己之学"的提出。他说："且孔子未尝教人之学孔子也。使孔子而教人以学孔子，何以颜渊问仁，而曰'为仁由己'而不由人也欤哉！何以曰'古之学者为己'，又曰'君子求诸

---

[1] [明]李贽：《答耿司寇》，张凡编注：《李贽散文选注》，北京师范学院出版社1991年12月版，40—41页。

己'也欤哉！惟其由己，固诸子自不必问仁于孔子；惟其为己，故孔子自无学术以授门人。"[1] 而他的"为己之学"，首先是解决个人精神上的困惑，以求自我解脱。他在给朋友的信中表示："凡为学皆为穷究自己生死根因，探讨自家性命下落。"[2] 他在离开黄安，徙居麻城后，曾写信给老朋友邓石阳，解释自己之所以学佛，绝非如某些人所指责的"弃人伦，离妻室"，而是为探究自身之生命底蕴，即自我的生命价值与意义，以及如何使自我生命得以适情快意。所以他说："惟此一件人生大事未能明了，心下时时烦懑，故遂弃官入楚，事善知识以求少得。盖皆陷溺之久，老而始觉，绝未曾自弃于人伦之外者。"[3]

李贽以"为己""自适"为其理论的出发点，所以，他很强调"真"而痛恨"假"。具体言之，他的"真"要求将自我真实人格作不加遮饰的显露，而无意为自我设置固定之框架。这与王阳明所谓"真我"比较接近，而王阳明的"真我"，也就是所谓良知。但王阳明的良知，最终还要落实到治国平天下上，从未给个体自我留下一个适当的位置，而李贽的为己

---

[1] [明]李贽：《焚书》卷一《答耿中丞》，转引自林海权：《李贽年谱考略》，福建人民出版社1992年11月版，143页。

[2] [明]李贽：《续焚书》卷一《答马历山》，转引自左东岭：《李贽与晚明文学思想》，天津人民出版社1997年3月版，77页。

[3] [明]李贽：《焚书》卷一《复邓石阳》，转引自林海权：《李贽年谱考略》，福建人民出版社1992年11月版，152页。

求真，却是实实在在地落在每个个体的自我之上。李贽坦言："大凡我书，皆为求以快乐自己，非为人也。"[1] 又说："我以自私自利之心，为自私自利之学，直取自己快当，不顾他人非刺。"[2] 在晚明社会，虽然自私与享乐已成为世间普遍认同的人生目的，但如李贽这样坦诚道出真相的人，恐怕不多，更多存在的还是心口不一或言行背离的假道学。周思久与耿定理在麻城龙湖论学时就曾提出，耿定向"重名教"，李卓吾"识真机"。[3] 但耿定向对这种看法很不以为然，虽然后来周思久解释说，"重名教"就是"以继往开来为重"，"识真机"则"以任真自得为趣"，耿定向依然不能认可，在《又与周柳塘》中郑重指出："夫孔孟之学学求真耳，其教教求真耳。舍此一'真'，何以继往？何以开来哉？"[4] 这与他在另一场合批评李贽的"率性"时所用的逻辑是一样的，都是从儒学出发，对李贽的率性、率真、真机或超脱等加以解释。殊不知，李贽的思想中更多地吸收了陆王心学、佛学、禅学以及老庄的内容。他作过一篇《三教归儒说》，这个"儒"，已经不是世人所理解的"修、齐、治、平"之儒，也不是要三教均服务于伦理

---

1 [明]李贽：《续焚书》卷一《与袁石浦》，转引自左东岭：《李贽与晚明文学思想》，天津人民出版社1997年3月版，77页。

2 [明]李贽：《焚书》增补一《寄答留都》，转引自左东岭：《李贽与晚明文学思想》，天津人民出版社1997年3月版，77页。

3 参见[清]黄宗羲：《明儒学案》卷三十五，《处士耿楚倥先生定理》附《楚倥论学语》，中华书局2008年1月版，826页。

4 [明]耿定向：《又与周柳塘》第十八书，《耿天台先生文集》卷三，转引自林海权：《李贽年谱考略》，福建人民出版社1992年11月版，131页。

教化。在他看来，三教所追求的，都是舍弃功名富贵乃至天下而求道，孔子、释迦牟尼和老子都是得以解脱的隐人高士，因此，对三教来说，归隐求道才是圣人之所当为。

李贽死于万历三十年（1602）。这一年的闰二月壬寅（廿二日），礼科都给事中张问达秉承首辅沈一贯的旨意，疏劾李贽邪说惑众，遂逮下狱。此时，李贽已七十六岁高龄，系狱日久，病痛之余，"唯愿一棒了当为快耳"[1]，已下定宁死不受辱，唯求速死的决心。三月十五日，他呼侍者剃发，持剃刀自刎，至十六日长逝。袁中道《李温陵传》写道："一日，呼侍者薙发。侍者去，遂持刀自割其喉，气不绝者两日。侍者问：'和尚痛否？'以指书其手曰：'不痛。'又问曰：'和尚何自割？'书曰：'七十老翁何所求！'遂绝。"[2]李贽死后三百年，有位邓秋枚先生，看到了李贽在中国思想学术史上的价值，他说："卓吾之学与其理想，皆极高妙，不肯依傍人。其集中之作，屡于孔子有微词。自王充《问孔》后，二千年来，直斥孔子，实惟先生。则其中之所主，必具有大识力者矣。其书明季两遭禁毁，而刊本犹留宇宙者，则以其申言佛理，能见有真是非，不随人脚跟立说。于明季帖括专制，学术束缚

---

1 [明]马经纶：《马公文集》卷三，《李温陵外纪》卷一，转引自林海权：《李贽年谱考略》，福建人民出版社1992年11月版，412页。
2 [明]袁中道：《李温陵传》，厦门大学历史系编：《李贽研究参考资料》第一辑，福建人民出版社1975年3月版，13页。

之极，而得李氏一为摧荡廓清，故人之嗜爱其说者多也。至今日，学术大通，万端竞进，而卓吾之学，益得以见称于时，然则焚者焚，禁者禁，而藏者自藏，读者自读。帝王之力，固不足以加于儒生之后世也。"[1] 在引述了邓秋枚对李贽的这番评价之后，吴虞更借孟德斯鸠的话，盛赞明末思想解放、"异端"横行是一种新的气象，"守旧开新，各成其学"，他认为，专制国家腐败覆亡的责任，应该由"人君与官吏"承担，不能"以兴亡之运苛责一二无聊之学者"。[2] 拿李贽和西方宗教改革先驱马丁·路德做比较，固然有其相近之处，但在个人命运上，与其说他近似路德，倒不如说他更近似孤独的卡斯特利奥。如果说皇帝和国王曾经庇护过路德的话，那么，李贽就像卡斯特利奥一样，不能指望得到万历皇帝，抑或当时的首辅或学界领袖的庇护。诚然，有人将李贽视为明末"自由主义思想"和"个人权利意识"的启蒙者，但是也应看到，李贽的"自由""独立""率性""超脱"，其终极目标是追求一种空无境界，是个体人生的随性无碍，从而走向个人主义和个性解放。然而，由于其中缺少一种协调共同体内部关系的内容，所以，就很难像西方宗教改革一样，在上帝面前人人平等的基础上，发展出协调人类社会共同体内部自由、平

---

1 吴虞：《明李卓吾别传》，厦门大学历史系编：《李贽研究参考资料》第一辑，福建人民出版社1975年3月版，51页。

2 吴虞：《明李卓吾别传》，厦门大学历史系编：《李贽研究参考资料》第一辑，福建人民出版社1975年3月版，52页。

等的契约关系，进而形成互相尊重、和谐共存的宽容精神，最终造就现代西方的科学与民主。仅此而言，宗教改革功莫大焉，晚明的思想解放终难望其项背。这不是李贽个人的问题，而是东西方文明在当时所表现出来的差异决定的。所以，黄仁宇才认为，在大明王朝已经走到尽头的时候，"思想家的极端进步或者绝对保守，最后的结果，都是无分善恶，统统不能在事业上取得有意义的发展，有的身败，有的名裂，还有的人则身败而兼名裂"[1]。

---

1 [美]黄仁宇：《万历十五年》，中华书局1982年5月版，238页。

黄宗羲：三百年前的中国《人权宣言》

梁启超之所以看重此书,

把它比作法国启蒙思想家卢梭的《民约论》,

是因为它"的确含有民主主义的精神,

虽然很幼稚,

对于三千年专制政治思想为极大胆的反抗"。

黄宗羲，字太冲，号南雷，被学者尊称为梨洲先生，浙江余姚人，生于明万历三十八年（1610），卒于清康熙三十四年（1695），年八十六岁。

他生于明清鼎革之际，与孙奇逢、李颙并称"海内三大儒"，又与顾炎武、王夫之并称"明末清初三大儒"。他的父亲黄尊素是东林名士，被魏忠贤陷害。崇祯帝继位后，他入都讼冤，以铁锥毙伤仇人许显纯，此后声誉渐高。这一年他十九岁，遵父命从刘宗周学。崇祯十七年（1644），北京城陷，清军入关，随后大军南下，不久，南京陷落，杭州献降，先生刘宗周死义。黄宗羲回到家乡黄竹浦，与众兄弟组织义军，号"世忠营"，以布衣参与军事，兵败后，潜入四明山，结寨自固，却因粮绝而溃。此后，他听说鲁王朱以海落脚于宁海以南、台州以东的健跳，又赶去从亡，直到舟山惨败，浙东抗清宣告失败，他才绝意国事，奉母乡居，毕力著述。

黄宗羲一生著述颇丰，内容涉及天文、算术、乐律、经史、释道等诸多方面，计有一百一十二种，一千三百卷，超过二千万字。梁启超说他"以史学为根柢"，又说"大抵清代经学之祖推（顾）炎武，其史学之祖当推（黄）宗羲"[1]。他有一部振聋发聩之作，对近代思想者影响巨大，即《明夷待访

---

1 梁启超：《清代学术概论》，上海古籍出版社1998年1月版，17页。

录》。此书成于清康熙二年（1663），是其政治思想的集大成之作。黄宗羲获得中国近代民主思想启蒙者的声誉，尤赖此书。1923年，梁启超在南开、清华两校讲授中国近代学术时给予此书很高的评价，他说："从今日青年眼光看去，虽象平平无奇，但三百年前——卢骚《民约论》出世前之数十年，有这等议论，不能不算人类文化之一高贵产品。"[1]

梁启超之所以看重此书，把它比作法国启蒙思想家卢梭的《民约论》（今译《社会契约论》），是因为它"的确含有民主主义的精神，虽然很幼稚，对于三千年专制政治思想为极大胆的反抗"，他还说，"我自己的政治运动，可以说是受这部书的影响最早而最深"。[2] 他指的就是自己早年在湖南长沙办时务学堂，开南学会，与谭嗣同、黄遵宪、唐才常等一班人宣传维新变法，倡导民权共和时，曾将此书节钞印制数万份，秘密散发。此书自乾隆以来被列为禁书，他们这样做，不仅使得该书广泛传播，而且促进了晚清思想的骤变。后来，叶德辉、王先谦辈告他们谋反，证据之一即印制此书。再后来在日本，孙中山和他的盟友也曾刊行此书，他们看重的大约是"明夷"两个字，以为人们因此会联想到反清复明。无论有意还是无意，这都是一种误读和误导。

---

[1] 梁启超：《中国近三百年学术史》，东方出版社1996年3月版，52页。
[2] 梁启超：《中国近三百年学术史》，东方出版社1996年3月版，53页。

不过，章太炎似乎不喜欢这部书。他在《衡三老》中严厉指责黄宗羲"以明夷待访为名，陈义虽高，将俟虏之下问"，即有期待清廷求访的意思。他还责备黄宗羲，虽然自己没有出来为清政府做事，但同意"其子（黄）百家从事于徐、叶间"，也不能不令人感到遗憾。此处所谓"徐"，即昆山三徐——徐乾学、徐文元、徐秉义三兄弟，而"叶"即叶方蔼，他们都是清初名盛一时的名臣和学者。章太炎认为，如果说"明臣不可以贰"的话，那么，你的儿子既没做过明朝的官，似乎为清朝服务也就无所谓；但是，如果以王夫之所著《黄书》为衡量标准，"则嗒焉自丧矣"[1]，黄宗羲就不会这样心安理得了。

多年后，陈寅恪著《柳如是别传》，又提起这桩公案，他说："后来永历延平倾覆亡逝，太冲（黄宗羲字）撰《明夷待访录》，自命为殷箕子……以清圣祖比周武王，岂不愧对'关中大儒'之李二曲耶？惜哉！"[2] 陈寅恪的话说得更加明白，黄宗羲自比为箕子，而以清康熙帝为周武王，就是要向新君献上他的治国方略。这个说法其实来自黄宗羲《明夷待访录》的"自序"，其中写道："然乱运未终，亦何能为'大壮'之交！吾虽老矣，如箕子之见访，或庶几焉。岂因'夷之初旦，

---

[1] 章太炎：《衡三老》，《民报》第九号，《中国近代期刊汇刊》第二辑《民报》第三册，中华书局2006年9月版，1325—1326页。
[2] 陈寅恪：《柳如是别传》，生活·读书·新知三联书店2001年1月版，861页。

明而未融',遂秘其言也。"[1] 在这里,黄宗羲交代了自己撰写《明夷待访录》的动机,而且的确用了箕子的典故,但其用意何在?是否确如陈寅恪可惜的,黄氏不仅想要与新朝新君达成妥协,还要献计献策?这正是我们要探究的。

针对章太炎的看法,梁启超有不同意见,他说:"章太炎不喜欢梨洲,说这部书是向满洲上条陈,这是看错了。《待访录》成于康熙元、二年。当时遗老以顺治方殂,光复有日,梨洲正欲为代清而兴者说法耳。他送万季野北行诗,戒其勿上河汾太平之策,岂有自己想向清廷讨生活之理?"[2] 钱穆持论与梁启超相近,而且讲得更加具体,他说:"惟考康熙己未(十八年,1679),万季野至京师,梨洲送之,戒以勿上河汾太平之策。时已距《待访录》成书十五、六年。则梨洲之不可夺者不确如乎!(顾)亭林诗亦云:'未敢慕巢由,徒夸一身善。穷经待后王,到死终黾勉。'亡国遗臣之不能无所待者,正见其处心之愈苦耳。"[3]

在这里,他们都提到康熙十八年黄宗羲送学生万斯同赴京参与修撰明史一事,在万斯同动身之际,他曾赋诗三首,其中第二首写道:

---

[1] [清]黄宗羲著,李伟译注:《明夷待访录译注》,岳麓书社2008年5月版,1页。
[2] 梁启超:《中国近三百年学术史》,东方出版社1996年3月版,54页。
[3] 钱穆:《中国近三百年学术史》,商务印书馆1997年8月版,37页。

> 管村彩笔挂晴霓，季野观书决海堤。
> 卅载绳床穿皂帽，一篷长水泊蓝溪。
> 猗兰幽谷真难闭，人物京诗谁与齐。
> 不放河汾声价倒，太平有策莫轻题！[1]

诗里提到的"河汾太平之策"，用了隋朝王通的典故。王通是隋末大儒，曾西游长安，向隋文帝献太平十二策，然而未受重用，遂弃官归乡，在黄河、汾水之间设馆教学，求学者多至百余人，时称"河汾门下"。黄宗羲在此是用王通的故事告诫万斯同，只能以民间布衣身份为修明史尽一份力，绝不能为清廷治国安邦出谋划策。梁启超与钱穆就是根据这一点得出结论，不相信黄宗羲的气节有问题。钱穆还把与黄宗羲同时代的顾炎武搬出来，说明"待访"是所有以修齐治平为远大抱负的儒学士大夫共同的政治理想，未必就是"俟虏之下问"。顾甚至称赞黄，认为其并不像巢父、许由那样，为了个人的声誉而独善其身，倒是表现出非凡的内圣外王、兼济天下的勇气和责任感。读罢《明夷待访录》之后，他给黄宗羲写了一封信，其中谈道：

> 顷过蓟门，见贵门人，具稔起居无恙。因出大著《待访录》，读之再三，于是知天下之未尝无人，百王之

---

[1] [清]黄宗羲：《送万季野贞一北上己未》，转引自李洁非：《黄宗羲传》，作家出版社2014年7月版，242页。

敝可以复起，而三代之盛可以徐还也。天下之事，有其识者未必遭其时，而当其时者或无其识。古之君子所以著书，待后有王者起，得而师之。[1]

顾炎武的这番话提醒我们，古代君子研究天下兴亡盛衰之道，条具为治大法，犹如今天所谓顶层设计。他们也许生不逢时，但不能以此为理由，让自己的思想成果烂在肚子里，因此，总要著书立说，以待后起之王天下者，能"得而师之"。黄宗羲撰写《明夷待访录》时大约就是这么想的，他在"序言"中把写作动机以及思想脉络交代得清清楚楚。元明之交的大学者胡翰曾以"十二运"来解释历史治乱的缘由，他由此得到很大启发。他说："观胡翰所谓十二运者，起周敬王甲子以至于今，皆在一乱之运；向后二十年交入'大壮'，始得一治，则三代之盛犹未绝望也。"[2] 胡翰是如何推演天道治乱的，我们不得而知，从黄宗羲的叙述中也只能窥见一斑。按照"十二运"的推算办法，自周敬王四十三年甲子（前477）直到当时，即康熙二年癸卯（1663），总共是二千一百四十年，"皆在一乱之运"当中。这就是说，从战国开始，经秦汉魏晋南北朝隋唐宋元明至清康熙初，皆为乱世，而"向后二十年交入'大壮'，始得一治"。何为"大壮"？我们知道，"大壮"是《周易》六十四卦之一，根据卦象分析，此卦为四

---

[1] ［清］黄宗羲著，李伟译注：《明夷待访录译注》，岳麓书社2008年5月版，194页。
[2] ［清］黄宗羲著，李伟译注：《明夷待访录译注》，岳麓书社2008年5月版，1页。

阳二阴，四阳大而下，有强大壮盛之势，故为大壮。总之是个大吉大利的卦，或"始得一治"，也未可知。至于为何要在"后二十年交入'大壮'"，其中的奥秘，我们是很难了解的，且不必管它。黄宗羲对《周易》素有研究，著有《易学象数论》六卷，他是相信易学可以推演政治历史乃至万事万物规律的。胡翰的假说既能说服他，也就使他先前关于为何三代以下有乱无治的困惑得到了解释。既然黑暗即将过去，曙光就在前头，"三代之盛犹未绝望也"，他不能不做点事，以尽一个士君子的责任和义务。这个意思在书名中也有体现。"明夷"即是《周易》的卦名，所指为光明受到伤害，时代处于黑暗之中，但不能放弃，仍需在艰难中守着正道。

由此可知，黄宗羲的这部《明夷待访录》不是针对一朝一代、一家一姓的治国方略，更不是写给康熙这个特定皇帝的"条陈"，甚至也不同于今天仍然幻想着要做"帝王师"的学人搞的所谓顶层设计，而是通过对历史的深刻反思，探求君主制的兴衰演变、利弊得失，并提出自己关于国体、政体改革的方案。在他的心目中，顾炎武所谓后起之王者，并非某位应运而生的君主，他既敢说"为天下之大害者，君而已矣"[1]，又怎肯把未来天下大治的希望寄托在明君圣主的身上呢？在政体的主客关系上，他主张"天下为主，君为客"[2]，这

---

[1] ［清］黄宗羲著，李伟译注：《明夷待访录译注》，岳麓书社2008年5月版，6页。
[2] ［清］黄宗羲著，李伟译注：《明夷待访录译注》，岳麓书社2008年5月版，6页。

其实是孟子"民为贵,社稷次之,君为轻"的另一种说法。如果说黄宗羲有民主主义思想,那么这部书应该就是最好的证明。

我们现在看到的《明夷待访录》,已经不是全部。清代学者全祖望在为该书所作"跋"中指出:"原本不止于此,以多嫌讳弗尽出,今并已刻之板亦毁于火。"[1]仅就目前所见而言,计有《原君》《原臣》《原法》《置相》《学校》《取士上》《取士下》《建都》《方镇》《田制一》《田制二》《田制三》《兵制一》《兵制二》《兵制三》《财计一》《财计二》《财计三》《胥吏》《奄宦上》《奄宦下》,共21篇。

《原君》为全书之首,在此篇,黄宗羲开宗明义,提出了"君为民害"论,指出:"今也以君为主,天下为客,凡天下之无地而得安宁者,为君也。是以其未得之也,荼毒天下之肝脑,离散天下之子女,以博我一人之产业,曾不惨然!曰:'我固为子孙创业也。'其既得之也,敲剥天下之骨髓,离散天下之子女,以奉我一人之淫乐,视为当然,曰:'此我产业之花息也。'然则为天下之大害者,君而已矣。向使无君,人各得自私也,人各得自利也。呜呼!岂设君之道固如是乎?"[2]

---

1 [清]黄宗羲著,李伟译注:《明夷待访录译注》,岳麓书社2008年5月版,196页。
2 [清]黄宗羲著,李伟译注:《明夷待访录译注》,岳麓书社2008年5月版,6—7页。

在这里，他的质疑已经直指君主制的合理性与合法性。他认为，君主不是天下的主人，而是天下（万民）请来的客卿，是为公众办事的。他所强调的正是"天下利害之权"在民不在君，君须为民服务的思想。难怪有人说，《明夷待访录》是三百多年前中国的《人权宣言》。

《原臣》篇紧承《原君》而来，在"民主君客"的基础上，廓清君臣之间的关系。他指出，臣之责任在于"为天下，非为君也；为万民，非为一姓也"[1]。他进而提出君臣共治天下的治权平等思想，并以伐木为喻，认为"治天下犹曳大木然，前者唱邪，后者唱许。君与臣，共曳木之人也"[2]。这种君臣关系如果实行起来，颇类似于现代总统制或内阁制中总统、内阁总理与政府官员们的关系。至于《置相》篇，则是针对宰相一职的专论。宰相也是臣，是职权最大的臣，它的存在，其实是要以相权制约君权，君可以诛宰相，任免宰相，但不能直接管理政府，政府六部向宰相负责，而不必向君负责，君所能直接管理者，只限于皇族和宫廷。在黄宗羲的思想意识中，似乎已经有了责任内阁制的萌芽。

再看《原法》篇，本篇强调法的公平与公正。立法首先要区分，法是为天下之利而设，还是为一己之私而设。他批

---

[1] [清]黄宗羲著，李伟译注：《明夷待访录译注》，岳麓书社2008年5月版，13页。
[2] [清]黄宗羲著，李伟译注：《明夷待访录译注》，岳麓书社2008年5月版，14页。

评三代以后之法,"既得天下,唯恐其祚命之不长也,子孙之不能保有也,思患于未然以为之法。然则其所谓法者,一家之法,而非天下之法也"[1]。立法的目的就为了保护一己的既得利益,这样的法只能谓之私法,而非公法。这种私法的问题就在于,"利不欲其遗于下,福必欲其敛于上;用一人焉则疑其自私,而又用一人以制其私;行一事焉则虑其可欺,而又设一事以防其欺"。其结果正是,"法愈密而天下之乱即生于法之中,所谓非法之法也"[2]。极权专制的法治,最终都将走到这一步。

黄宗羲很重视学校的作用,他设想中的学校类似于近代社会的舆论中心和代议机构,不仅是培养知识分子(养士)的基地,也是评议朝政、实施舆论监督的场所。在《学校》篇中,他对"天下之是非一出于朝廷"表示不满,主张"治天下之具皆出于学校",从而营造"天子之所是未必是,天子之所非未必非,天子亦遂不敢自为非是,而公其非是于学校"[3]的良好社会风气,这里面或许包含着以学术制衡政治的设想。他还要求,在中央政府,天子乃至公卿都要在太学祭酒面前就弟子之列,祭酒有评点朝廷政治得失的权利和义务;

---

[1] [清]黄宗羲著,李伟译注:《明夷待访录译注》,岳麓书社2008年5月版,21页。
[2] [清]黄宗羲著,李伟译注:《明夷待访录译注》,岳麓书社2008年5月版,21页。
[3] [清]黄宗羲著,李伟译注:《明夷待访录译注》,岳麓书社2008年5月版,38—40页。

在地方政府，郡县官员要在地方学官面前就弟子之列，学官对于地方政事缺失，"小则纠绳，大则伐鼓号于众"[1]。

对于其他方面，如人才的选拔、官制、吏制、兵制、中央和地方的关系等，他都提出了具体的改革方案。他反对以八股取士，主张取士要宽，用士要严，并提出八种取士方法："有科举，有荐举，有太学，有任子，有郡邑佐，有辟召，有绝学，有上书。"他认为，宽于取才能不埋没人才，严于用才能不给投机分子机会。他指出，明代官制的腐败，在于宦官和胥吏的横行，而宦官专权的祸首却是皇权，他归结为"人主之多欲"，而解决的办法不过"自三宫以外，一切当罢"[2]而已。当然，根治这种痼疾，只能从限制皇权，或者变君主制为民主制入手，进而缩减后宫的规模，控制阉人的总量。在当时的条件下，也不失为限制皇权的一种措施。

至于胥吏的弊害，他提出两种解决办法："故欲除奔走服役吏胥之害，则复差役；欲除簿书期会吏胥之害，则用士人。"[3]这里需要说明的是，胥吏按其职役的性质分为胥和史。前者是供官府驱使的劳役，后者是官府中承办具体公务的人

---

1 [清]黄宗羲著，李伟译注：《明夷待访录译注》，岳麓书社2008年5月版，44页。
2 [清]黄宗羲著，李伟译注：《明夷待访录译注》，岳麓书社2008年5月版，190、192页。
3 [清]黄宗羲著，李伟译注：《明夷待访录译注》，岳麓书社2008年5月版，175—176页。

员。自宋代王安石把差役制改为雇役制，临时被官府差遣的走卒，就变成了由官府雇用的职业差役。他们既身在官府，便可能依仗官府势力，胡作非为而无所顾忌。吏与胥不同，吏是在吏部注册的，有公食银和任期，经考核期满可以进入官的行列。他主张用士人为吏，主要在于士人受教育程度较高，可以从整体上提高吏的道德水平，同时，也可以扩展士人的出路。

黄宗羲主张设置方镇，其出发点固为国防之需，其中也有以地方自主权（自治）分天子之权的用意。在他看来，唯有设置强有力的沿边方镇以为监督，才能防止中央滥施暴政。他对于兵制的思考，其实是在官制以及中央与地方权限划分这个大框架内展开的。与方镇的设置相配套，他主张采取卫所制与屯田制相结合的办法，兵民一体，战时为兵，平时为民。同时，文武职官合为一途，武将应接受文臣节制，从而有助于形成地方的自治。

在经济制度方面，他写了《田制》和《财计》各三篇，前者包含了两个方面的内容，即土地制度和赋税制度。他力主恢复井田制，认为既然卫所屯田是可行的，那么，"知所以复井田者亦不外于是矣"，和屯田没什么两样。他嘲笑反对恢复井田制的人，"是不知二五之为十矣"[1]。事实上，这是

---

[1] ［清］黄宗羲著，李伟译注：《明夷待访录译注》，岳麓书社 2008 年 5 月版，100—101 页。

从儒家虚构的"三代之法"出发构建出来的理想化的经济模型，不过是黄宗羲一厢情愿的想法。但从现实的角度言之，他的这一构想，又有解决农民无地可耕，而皇室、外戚、阉宦及地方豪强大量兼并土地之弊的意义，也为合理赋税、公平赋税奠定了基础。他在财政方面的设想，主要是"废银用钱"，其出发点是解决明末实行赋税征银给百姓造成的繁重负担，而并非以改革货币流通体制为目的。但是，他已经注意到明中晚期市民社会工商业的发展，提出了"工商皆本"的主张，从而将"工商"提到与"农"相等的地位，超越了传统的"重农抑商"的观念，是有进步意义的。

我们既对《明夷待访录》的内容有了大致的了解，那么，这部书是写给谁的，事实上已经不重要了，值得注意的是另外两个问题。一是他的"三代"情结。"托古改制"本是君主制下希望有所作为的士君子惯用的手法，从孔夫子到康有为，无一例外；二是他的"天下"观。这也许可以追溯到孔子作《春秋》，梁启超把《春秋》称作"孔子所立宪法案也"，其中的微言大义，主要体现为"张三世""通三统"的学说，三世为据乱世、升平世、太平世，升平又谓之小康，太平则谓之大同。梁启超指出："小康为国别主义，大同为世界主义；小康为督制主义，大同为平等主义。"又说："孔子立小康义以治现在之世界，立大同义以治将来之世界。"还说："大同之学，门弟子受之者盖寡，子游、孟子稍得其崖略，然其统中绝，至本朝黄梨洲稍窥一斑焉。"[1]这就是说，黄宗羲传承了孔门儒学之大同天下学说，并将之应用于对未来社会演进的思考。而他思考的前提和出发点，也就是《礼记·礼运》篇所载孔子对子游说的"大道之行也，天下为公"。这也是支持他相信"向后二十年交入'大壮'"的思想基础。不过，这一信念在康熙十八年（1679）他69岁的时候却发生了动摇，因为他所看到的并不是想象中的"大壮"盛世，而是"夷狄"统治下的"康熙盛世"。尽管他在晚年不得不接受现实，承认了清廷统治的合法性，但在临终前几年，他还是发出了"十二运之言，无乃欺人"[2]的慨叹，从而宣告了这一信念的彻底破灭。

---

1 梁启超著：《饮冰室合集》文集之六《南海康先生传》，中华书局1989年3月版，68—69页。
2 [清]黄宗羲：《破邪论题辞》，转引自方祖猷《黄宗羲与吕留良争论的实质及其思想根源——兼论胡翰十二运对黄氏的影响》，《宁波大学学报（人文科学版）》1988年01期，65页。

吕留良：坚守中方显儒生本色

我们应该庆幸,

在军事的抵抗失败之后,

还有吕留良这样的文人,

以学术思想为利器,

做最后的挣扎。

写过黄宗羲，接下来，不能不写吕留良。

吕留良与黄宗羲的关系，始于互相倾慕、惺惺相惜，而终于谩骂诋毁，睚眦必报。他们都是明遗民中的代表人物，并以遗民身份终世。黄宗羲年长吕留良十九岁，甲申（1644）国变之时，黄宗羲三十四岁，已然是复社中举足轻重的人物，而吕留良只有十五岁，还是个涉世未深的少年。

李自成攻陷北京，崇祯皇帝以身殉社稷，吕留良闻知，"号恸几绝"。不久，清兵南下，江南覆没，各地义师，发愤讨贼，他的侄子吕宣忠（字亮工）"往从之"，他则"盖亦与焉"[1]。于是，"散万金之家以结客，往来铜炉石镜间，窜伏林莽，常数日不一食"[2]，然而，事竟不就。兵败之后，宣忠被执，殉难虎林，作为叔叔的吕留良悲痛欲绝，以至于呕血"数升"[3]。随后，四兄瞿良、三兄愿良又相继过世，留良几近绝望。

吕留良是遗腹子，父亲吕元学在他出生前四个月就已辞世，是三兄嫂愿良夫妇承担了抚养他的责任。他三岁时，三嫂亦亡；十三岁，生母也去世了。吕留良家在浙西崇德（后

---

[1] 卞僧慧：《吕留良年谱长编》，中华书局2003年9月版，75页。
[2] 卞僧慧：《吕留良年谱长编》，中华书局2003年9月版，76页。
[3] 卞僧慧：《吕留良年谱长编》，中华书局2003年9月版，82页。

因避讳清太宗皇太极年号改称石门）不算名门望族，他的父祖兄弟中，只有叔祖吕炯和生父吕元学是举人，没有出过进士，故社会政治地位不高。虽因经商和经营土地，积累了相当的财富，却挡不住官府的敲诈勒索。特别是在义军失败、返回家园之后，作为有过抗清经历而又有些家产的家族代表，吕留良的日子就不太好过了。关系不错的朋友都说："君不出，祸且及宗。"可见，那时他的压力是很大的，搞不好甚至会影响到整个家族的安危。因此，到了清顺治十年（1653），"不得已，易名光轮，出就试，为邑诸生"[1]。

参加清廷的科举考试，意味着承认其统治的合法性，对明遗民来说，无论如何都不是一件光彩的事。为此，吕留良一直都很纠结，心情也很沉重。他在《友砚堂记》中写道，由于好友孙子度（爽）去年离世，他心情不佳，"益落魄不自振"。后在《与张考夫书》中，他又痛责自己"旋以失脚俗尘，无途请益"[2]。不久，由黄宗羲的二弟黄晦木（宗炎）引荐，吕留良与黄宗羲在杭州孤山订交。那天，他们共同的朋友高旦中也在座。黄晦木与吕留良早在十八年前就有过一些来往，此度再次相遇，相互留下很好的印象，愿意成为朋友。于是，黄晦木先介绍他认识了高旦中，随后又把黄宗羲引荐给他。

---

[1] 卞僧慧：《吕留良年谱长编》，中华书局2003年9月版，92页。
[2] 卞僧慧：《吕留良年谱长编》，中华书局2003年9月版，93页。

其见面过程颇有值得玩味之处。根据吕留良《友砚堂记》记载："其秋太冲先生（黄宗羲字太冲）亦以晦木言会予于孤山。晦木、旦中曰：'何如？'太冲曰：'斯可矣！'予谢不敢为友。固命之，因各以砚赠予，从予嗜也。"[1] 这种情形也许让吕留良感到有些尴尬，毕竟像是在经历审查一般。不过，黄宗羲随后的态度是友善的。他与晦木、旦中各以一砚赠吕留良，这些砚的原主人都是一时名士，转赠显示了很重的友情。吕留良也很在意这种友情，不仅"以'友砚'名吾堂"[2]，而且写了《友砚堂记》以为纪念。

吕留良很早就参与了编选时文的工作。所谓时文，就是科举时代应试必用的八股文。就像今天参加高考的学生都要买教辅和历届作文选一样，参加科举考试的举子很少有不把这种时文选本作为必备参考书的。然而，在与黄宗羲订交的第二年，也就是顺治十八年（1661），他忽然辞去做了近二十年的时文"编辑"。他的儿子吕公忠（葆中）在《家训》中写道："辛丑（1661）岁，先君子始谢去社集及选事，携子侄门人读书城西家园之楳华阁（梅花阁）中。"[3] 固然，我们不能肯定是与黄氏兄弟交往促成了吕留良在思想上的觉醒。实际上，他在应陆雯若之邀所作《庚子程墨序》中明确指出，他之所

---

[1] 卞僧慧：《吕留良年谱长编》，中华书局2003年9月版，103—104页。
[2] 卞僧慧：《吕留良年谱长编》，中华书局2003年9月版，104页。
[3] 卞僧慧：《吕留良年谱长编》，中华书局2003年9月版，112页。

以谢去社集坊选,是因为二哥茂良责备他外务管得太多,反把自己的学业荒疏了,并把他禁足在梅花阁中,让他谢绝宾客,专教子侄等读书。

然而,五年之后,吕留良又做了一件让"一郡大骇"的事。康熙五年丙午(1666),在生员考试前夕,他造访本县学官陈执斋(祖法)先生于寓所,把他去年作的一首诗出示给陈先生,并"告以将弃诸生",宣布放弃秀才身份,且嘱其为之善全。诗是这么写的:

> 谁教失脚下渔矶,心迹年年处处违。
> 雅集图中衣帽改,党人碑里姓名非。
> 苟全始信谈何易,饿死今知事最微。
> 醒便行吟埋亦可,无惭尺布裹头归。

陈执斋听了他的这番话,又读了他的诗,开始有点发懵,没反应过来,"既而闻其衷曲本末,乃起揖曰:'此真古人所难,但恨向日知君未识君耳。'于是诘旦传唱,先君不复入,遂以学法除名"[1]。对他来说,这件事的意义就在于,终于把他与清朝的关系做了个了断。亲戚朋友听说他"被"革了秀才都为他感到可惜,担心他得罪了学官而惹出什么事端。然而,

---

[1] 卞僧慧:《吕留良年谱长编》,中华书局 2003 年 9 月版,146—147 页。

他却感到从未有过的"怡然自快",针对来自各方面的反应,他欣然表示:"丙午所为,亦一时偶然,无关轻重。相知者喜其有片长足录,未免称许过当。闻者因而疑之议之,亦其情也。"[1]他在另一首诗中更进一步表达了丢掉心头重负之后的畅快:

> 僮无人色婢仓皇,底事悬愁到孟光。
> 甑要不全行莫顾,簧如当易死何妨。
> 十年多为汝曹误,今日方容老子狂。
> 便荷长镵出东郭,豆花新紫菜花黄。[2]

吕留良终于不必再为清廷给他的这点"出身"而纠结了,他用直接的行动洗刷了身上的污痕。此后,他便在崇德城郊之南阳村东庄(今浙江省嘉兴市桐乡市留良乡)隐居下来,专做传播、发扬民族精神的工作。由于"向时诗文友皆散去,乃摒挡一切,与桐乡张考夫(履祥)、盐官何商隐(即钱商隐,字云士)、吴江张佩葱诸先生,发明洛闽之学,编辑朱子书,以嘉惠学者。其议论无所发泄,以寄之于时文评语,大声疾呼,不顾世所讳忌,穷乡晚进有志之士,闻而兴起者甚

---

[1] 卞僧慧:《吕留良年谱长编》,中华书局2003年9月版,148页。
[2] 卞僧慧:《吕留良年谱长编》,中华书局2003年9月版,147页。

众"[1]。这里提到他是从两个方面入手去做的。一是与数同志共同研究程朱的学术思想，并刻印书籍，四方传播。据《张杨园年谱》记载："先生（张履祥，字考夫，世居桐乡炉头杨园村，人称杨园先生）馆语水（亦称语溪，崇福镇古称）数年，劝友人门人刻《二程遗书》《朱子遗书》《语类》及诸先儒书数十种，且同商略。"[2] 二是将他自己所谓"偶于时艺，寄发狂言"[3]的言论寄托在时文评语中。实际上，这些言论"乃藉朱子义理，明夷夏之防，辨出处之节，卓然成异彩"[4]。吕留良辞世数十年后所发生的曾静反清案，就是他利用评选制艺时文，传播民族思想，以至于影响到青年士子而造成的后果。

这时，吕留良与黄宗羲已经发生了分歧。他们的友谊究竟为何而破裂，没有人能够给出一个确切的结论。其间头绪繁多，可能涉及"大节""小节"四五件事，一时很难梳理清楚。他们订交是在清顺治十七年（1660），此后有过几年"蜜月期"，"其相与之友谊盖甚贽矣"[5]。清康熙二年（1663）四月，黄宗羲应邀来吕氏梅花阁教其子弟读书。其时正是春夏

---

1 ［清］吕公忠：《行略》，转引自包赉：《清吕晚村先生留良年谱》，中国台湾"商务印书馆"1978年12月版，71页。
2 卞僧慧：《吕留良年谱长编》，中华书局2003年9月版，167页。
3 ［清］吕公忠：《行略》，转引自包赉：《清吕晚村先生留良年谱》，中国台湾"商务印书馆"1978年12月版，4页。
4 钱穆：《中国近三百年学术史》上册，商务印书馆1997年8月版，86页。
5 钱穆：《中国近三百年学术史》上册，商务印书馆1997年8月版，78页。

之交，吕留良、黄宗羲兄弟、高旦中、吴自牧等，在水生草堂，联床分檠，以诗文相唱和，且共选《宋诗钞》。这种情形持续到康熙五年（1666）。三年来，黄宗羲一直在吕留良家做家庭教师。虽说像他这么大学问的人，教几个童蒙初开的孩子有点屈才，但在谋生和养家已成为必须面对的难题时，选择做西席，对他来说，既自食其力又不失尊严；就吕氏而言，也不排除在朋友窘迫时助他一臂之力的考虑。总之，他们之间"过从盖甚密"[1]。

吕留良放弃秀才"出身"（弃去青衿），就在这一年。然而，此后却陆续发生了一些令双方都不愉快的事。最初只是一些具体问题。首先是合伙购买绍兴祁家的藏书，吕留良出三千金，黄宗羲以束脩入股，黄宗羲却乘便"多以善本自与"，沈冰壶的《黄梨洲小传》也说："先生择其奇秘难得者自买，而以其余致晚村，晚村怒。"全祖望《小山堂藏书记》就说得更加直接了，"旷园之书，其精华归于南雷，其奇零归于石门。"但其中似乎另有隐情。黄宗羲在《天一阁藏书记》中曾这样写道："丙午，余与书贾入山翻阅三昼夜，余载十捆而出，经学近百种，稗官百十册，而宋元文集已无存者。途中又为书贾窃去卫湜《礼记集说》、王称《东都事略》。"全祖望在另一场合也提到这个情节，并特别指出偷书人的行为是

---

[1] 钱穆：《中国近三百年学术史》上册，商务印书馆1997年8月版，79页。

吕留良授意的。于是,"南雷大怒,绝其通门之籍。用晦亦遂反而操戈,而妄自托于建安之徒,力攻新建"[1]。

接着,又发生了编刻《刘宗周遗书》事件。沈冰壶《黄梨洲先生传》载:"晚村欲刻刘蕺山遗书,致刻费三百金。先生受金不刻,而嗾姜定菴(名希辙,字二滨,号定菴)刻之,附晚村名于后,晚村愠先生甚。"[2]按照沈的说法,为了编刻《刘宗周遗书》,吕留良曾出资三百金,交给了黄宗羲。但他拿了钱,又转而与姜定菴合作,只以每卷之后有"后学吕留良同校"作为交代,引起吕留良的不满。吕曾作《后耦耕诗》十首,其中第七首有"青火竹窗誊副本,白头兰幕出新书"句,严鸿逵注曰:"此专为太冲作也。……是年又馆于宁波姜希辙家,悉出其所手录书以求媚。"[3]第二年(1667),黄宗羲没有出现在语溪梅花阁,他甚至没有同吕留良打招呼,害得吕一直在家苦等。后来吕留良辗转听说他已另有高就。为此,吕留良特意作了《问燕》《燕答》诸诗对他加以讽刺。

不过,黄宗羲的"另有高就"并非如严鸿逵所言"馆于宁波姜希辙家",而是留在绍兴与姜希辙一起筹备恢复证人书院。他们的老师刘宗周当年曾讲学于此,明亡之际,刘选择

---

1 卞僧慧:《吕留良年谱长编》,中华书局2003年9月版,148—149页。

2 卞僧慧:《吕留良年谱长编》,中华书局2003年9月版,159—160页。

3 卞僧慧:《吕留良年谱长编》,中华书局2003年9月版,154页。

绝食而死，以证其学，而书院亦废。黄宗羲久有恢复书院之志，随着环境的好转，他不再四处播迁和藏匿，恢复书院之事便提上了日程。这时是康熙六年（1667），他不再赴吕氏梅花阁恰好也在这一年。而就在吕留良苦等他的同时，刚刚有二十几位甬上青年学子赶赴黄竹浦，认黄宗羲为宗师。在这一年里，作为绍兴证人书院的主讲者之一，他不时要到那里开课，同时，他还要兼顾甬上，去为他的门徒讲授。经过一年的筹备，1668年春天，甬上证人书院开学，黄宗羲是这里唯一的主讲人。

但是，吕留良和他周围的人却另有看法。吕留良在诗中自比"穷檐"，暗指黄宗羲"呢喃闻汝向雕梁"，称他为"轻薄情事有与燕适相类者"[1]。他在《燕答》一诗中甚至模仿黄宗羲的口气，以代人"自白"的方式，袒露他的心迹："畴昔置我虚斋里，茶烟香缕清如水。敢道周旋何日忘，顾我所思岂在是。投林择深木择荣，安能郁郁久居此。况君避世益荒寒，庭院无多帘箔单。瘦圃无花衔不得，破巢欲补愁泥干。昨夜侯家歌吹发，先放双飞入珠幕。贵人头上坐听看，羡杀笼鹦与屏雀。老来爱雏过爱身，常恐失足寻常人。新巢喜得依王谢，千门万户终不贫。自古恶宾胜旧友，世情如是君知否。但愿故人办得侯家官与屋，依旧呼雏梁上宿。"[2]

---

[1] 卞僧慧：《吕留良年谱长编》，中华书局2003年9月版，155页。
[2] 卞僧慧：《吕留良年谱长编》，中华书局2003年9月版，155—156页。

除了"攀高枝"和喜新厌旧的讥讽，他们还怀疑黄宗羲不辞而别，是因吕留良弃去青衿而想要避嫌。严鸿逵注《问燕》诗便说："盖自丙午（1666）子弃诸生，太冲次年便去，而馆于宁波姜定菴家。"[1] 吕留良刚刚宣布放弃秀才的出身，与清廷一刀两断，黄宗羲便离开吕氏的梅花阁，转而去了绍兴的姜府（姜定菴家在绍兴，不在宁波，严鸿逵弄错了）。姜定菴是什么人？他是清朝回籍待缺的官员，黄宗羲与他搞在一起，不是投靠是什么？在《复载之兄书》中，吕留良讲到问题的根本在于他们之间存在着思想分歧："数年以来，屏弃一概，披胸纳腹，其跡甚隘，虽敬爱如吾兄，然比之犹觉有间，他可知矣。意向冷灰冻壁中，寻取一个半个肯屈头挑担汉子，同钻故纸，蚀残字，求圣贤向上事，自了此生分内而已。乃弟所求者在此，而人所求者又在彼，凡所为说道理，论文字，只如游方和上（尚），入门口诀耳。"[2]

对于吕留良与黄宗羲是否因思想分歧而最终分手，钱穆先生是持肯定态度的。他说："晚村丙午弃举，翌年丁未，梨洲与姜定菴、张奠夫复兴证人讲会，而晚村此后即招张杨园馆其家。自是梨洲以王、刘学统自承，而晚村则一意程、朱，两人讲学宗旨渐不合，而卒致于隙末焉。"[3] 把吕、黄之间的恩

---

1 卞僧慧：《吕留良年谱长编》，中华书局2003年9月版，155页。
2 卞僧慧：《吕留良年谱长编》，中华书局2003年9月版，156页。
3 钱穆：《中国近三百年学术史》上册，商务印书馆1997年8月版，79页。

怨，归结为儒学内部程朱理学与陆王心学的门户之争，看似有些玄虚，但从学术史、思想史的角度言之，似乎又不无道理。中晚明至清代，王学与朱学此消彼长，将多少读书人裹挟其中。吕留良与另一个朋友陆陇其（字稼书），在形迹上未见得多么密切，但他们之间能够声气相应，就在于他们都认定"朱子学"是孔孟的门户，而"阳明学"是亡明的祸胎。

梁启超也曾指出这一点，他说："清初因王学反动的结果，许多学者走到程朱一路。"而且，"气节品格能自异于流俗者不下数十辈，大抵皆治朱学。故当晚明心学已衰之后，盛清考证学未盛之前，朱学不能不说是中间极有力的枢纽。然而依草附木者流亦出乎其间，故清代初期朱派人独多而流品亦最杂"[1]。

其中的缘由，梁启超认为在于清廷的介入。清初那几位皇帝，是想找一些汉人为其奔走的，但"稍为有点志节学术的人，或举义反抗，或抗节高蹈。其望风迎降及应新朝科举的，又是那群极不堪的八股先生，除了《四书集注》外，更无学问"。所以他说："程朱学派变成当时宫廷信仰的中心，其原因在此。"其中是有令人佩服的伏处岩穴暗然自修者，但那些"以名臣兼名儒"的大人先生们，只能说是"一群'非之无

---

[1] 梁启超：《中国近三百年学术史》，东方出版社 1996 年 3 月版，117 页。

举,刺之无刺'的'乡愿'"。他甚至痛责:"清初程朱之盛,只怕不但是学术界的不幸,还是程朱的不幸哩。"[1]

程朱之学在清代的这种身份,就带来了如何理解和评价吕留良的尊朱和评选时文的问题。《清吕晚村先生留良年谱》的作者包赉认为,吕留良的"尊朱和评选古文制艺文都有很深刻的含义","他的尊朱并不是同陈白沙一流的静坐为尊朱,他的评选制艺也不像马二先生一样为制艺而评选制艺。陈白沙的尊朱是以朱子为目的,马二先生的评选制艺也是以制艺为目的;他的尊朱和评选制艺不过是一种巧妙的方法,便利的手段。但这些绝不是他的目的,他的真正目的是在于'恢复民族'上"[2]。根据他的看法,吕留良评选制艺是别有寄托,"偶于时艺,寄发狂言";而尊朱不过是以程朱做个向导,"因朱子而信周程,因程朱而信孔孟"。而且,"他的尊信孔孟也不同一般人的尊信孔孟。一般人的尊信孔孟是在伦理学方面的仁义彝伦上和哲学方面的性理等,他却是在政治学方面的'夷夏之防',这是他和人家尊孔的不同之点"。

钱穆也持同样的看法,认为"晚村所以尊朱,实别有其宗旨",这个宗旨就是"发挥民族精神以不屈膝仕外姓为

---

[1] 梁启超:《中国近三百年学术史》,东方出版社1996年3月版,118页。
[2] 包赉:《清吕晚村先生留良年谱》,中国台湾"商务印书馆"1978年12月版,4页。

王"[1]。虽然他也是尊朱辟王的,但显而易见的是,他并未因此从清政府那里得到任何好处,"实非康、雍以下清儒之仰窥朝廷意旨,以尊朱辟王为梯荣捷径者所获梦想于万一"[2]。他虽然"以发明朱学为务,而其入手用力,则以批点八股文章为主",而他这样做,却也是不得已而为之。他曾感叹:"道之不明也久矣,今欲使斯道复明,舍目前几个识字秀才无可与言者;而舍《四子书》之外,亦无可讲之学。"[3] 钱穆因此称道,"惟晚村乃藉朱子义理,明夷夏之防,辨出处之节,卓然成异彩",并且"晚村以八股文明道之苦心,要亦未可轻讥矣"[4]。

诚然,吕留良在当下多有争议之处。有人指责他的"夷夏之防"是狭隘民族主义,而肯定他的思想就是"漂白"他。持这种看法的人,显然忽略了三百多年前的历史环境。在当时的环境下,选择投降还是选择反抗,选择合作还是选择逃避,应该是不一样的。如果这样的民族主义感情在雍正皇帝"普遍主义"的权力压迫之下被瓦解了,丧失了合理性,那么无论如何都是使人感到无比伤痛的事。我们应该庆幸,在军事的抵抗失败之后,还有吕留良这样的文人,以学术思想为利器,做最后的挣扎。"当时站在这条战线上的人,比他较先

---

1 钱穆:《中国近三百年学术史》,商务印书馆1997年8月版,84页。
2 钱穆:《中国近三百年学术史》,商务印书馆1997年8月版,84页。
3 钱穆:《中国近三百年学术史》,商务印书馆1997年8月版,85页。
4 钱穆:《中国近三百年学术史》,商务印书馆1997年8月版,86页。

辈的有顾炎武、黄宗羲、张履祥等，比他较后辈的有全祖望等。这些人虽都是传播民族思想到民间的巨子，可是他们看到时势已不可为，都改为独善其身仅做消极不合作的抵制，而晚村先生除与他们取同样的态度拒绝清政府博学鸿词山林隐逸等征聘外，还借评选制艺文字做积极的宣传"[1]。他的这种作为直接造成了此后因曾静一案而带来的剖棺戮尸、家破人亡、著作毁版的悲剧性后果。但"晚村身为亡国遗民，于此虽耿耿，若骨之鲠之在喉，不吐不快，而终有所顾忌不敢一吐以为快者。故于论'微《管仲》'一节，独表其意曰'春秋大义，尤有大于君臣之伦'者。此即夷夏也。而晚村又继之曰'原是重节义，不是重功名'。盖夷夏之防，定于节义，而摇于功名。人惟功名之是见，则夷夏之防终隳。人惟节义之是守，而夷夏之防可立。"[2] 这何尝不是一个儒生固有的本色。

---

[1] 包赉：《清吕晚村先生留良年谱》，中国台湾"商务印书馆"1978年12月版，6页。
[2] 钱穆：《中国近三百年学术史》，商务印书馆1997年8月版，93—94页。

光绪皇帝要求群臣读的是部什么书?

有清二百余年,

皇上连下御旨要求臣子读一本书,

除了雍正的《大义觉迷录》,

怕是只有冯桂芬的《校邠庐抗议》

得到了这份殊荣。

光绪二十四年五月二十九日（1898年7月17日），百日维新期间，孙家鼐上《请饬刷印〈校邠庐抗议〉颁行疏》，建议将冯桂芬的《校邠庐抗议》刷印一二千部，发给群臣讨论，征求他们的意见。疏文如下：

> 窃臣近日恭读诏书，力求振作，海内臣庶，莫不欢欣鼓舞，相望治安。顾今日时势，譬如人患痿痹而又虚弱，医病者必审其周身脉络，何者宜攻，何者宜补，次第施治，自能日起有功，若急求愈病，药饵杂投，病未去而元气伤，非医之良者也。臣昔侍从书斋，曾以原任詹事府中允冯桂芬《校邠庐抗议》一书进呈，又以安徽青阳县知县汤寿潜《危言》进呈，又以候选道郑观应《盛世危言》进呈，其书皆主变法，臣亦欲皇上留心阅看，采择施行。岁月蹉跎，延至今日，事变愈急，补救益难，然即今为之，犹愈于不为也。
>
> 臣观冯桂芬、汤寿潜、郑观应三人之书，以冯桂芬《抗议》为精密，然其中有不可行者，其书板在天津广仁堂，拟请饬下直隶总督刷印一二千部，交军机处，再请皇上发交部院卿寺堂司各官，发到后，限十日，令堂司各官，将其书中某条可行，某条不可行，一一签出，或各注简明论说，由各堂官送还军机处，择其签出可行之多者，由军机大臣进呈御览，请旨施行。如此，则变法宜民，出于公论，庶几人情大顺，下令如流水之源也。且堂司各官

签出论说，皇上亦可借以考其人之识见，尤为观人之一法，臣愚昧之见，是否有当，伏乞皇上圣鉴。谨奏。[1]

这个孙家鼐（1827—1909）固非等闲之辈，此人为咸丰九年状元，与翁同龢（1830—1904）同为光绪帝师，后累迁内阁学士，历任工部侍郎，署礼部、吏部、刑部、户部尚书。光绪二十四年五月十五日（1898年7月3日），他以吏部尚书、协办大学士受命执掌京师大学堂（今北京大学前身），为首任管理学务大臣。他是帝党的核心人物，光绪二十年（1894），中日甲午战争一触即发，朝议主战，他力谏"衅不可启"，主张忍让屈和，尤不希望为朝鲜的宗主权与日本开战。甲午失败，朝野震动，他的思想随之一变，对朝廷的腐败有了进一步的认识，认为非变法不足以自强。光绪二十一年（1895），康有为在京创立强学会，他"尝为代备馆舍，以供栖止，且列名北京强学会"。不久，御使杨崇伊秉承李鸿章的意旨弹劾强学会，认为其"私立会党，将开处士横议之风"，强学会遂遭清廷封禁。而孙家鼐"力言其诬，且谓事实有益"，将强学会改名官书局并主其事。他屡向光绪帝推荐的郑观应的《盛世危言》、汤寿潜的《危言》、冯桂芬的《校邠庐抗议》，都是主张变法图强的书，他不仅希望皇上能"留心阅看，采择施行"，更建议皇上将《校邠庐抗议》发给群臣讨论。

---

[1] ［清］孙家鼐：《请饬刷印〈校邠庐抗议〉颁行疏》，中国史学会主编：《戊戌变法》（二），收入《中国近代史资料丛刊》，神州国光社1953年9月版，430页。

光绪皇帝很重视他的意见，当天就发出上谕：

> 谕内阁：孙家鼐奏，敬陈管见一折，据称原任詹事府中允冯桂芬《校邠庐抗议》一书，最为精密，其书板在天津广仁堂，请饬刷印颁行等语。着荣禄迅即饬令刷印一千部，剋日送交军机处，毋稍迟延。[1]

六月初六（7月24日），光绪皇帝再次就此事发出上谕：

> 谕内阁：前据孙家鼐奏，请将冯桂芬所著《校邠庐抗议》一书，刷印发交部院等衙门签议，尝经谕令荣禄迅速刷印，兹据军机大臣将应行颁发各衙门及拟定数目，开单呈览，即著按照单开，俟书到后，颁发各衙门，悉心核看，逐条签出，各注简明论说，分别可行、不可行，限十日内咨送军机处，汇核进呈，以备采择。[2]

六月十四日（8月1日），《校邠庐抗议》发至各衙门加签。

光绪皇帝何以如此重视《校邠庐抗议》这部书和孙家鼐的建议呢？有清二百余年，皇上连下御旨要求臣子读一本书，除

---

[1]《上谕》第96条，中国史学会主编：《戊戌变法》（二），收入《中国近代史资料丛刊》，神州国光社1953年9月版，40页。
[2]《上谕》第102条，中国史学会主编：《戊戌变法》（二），收入《中国近代史资料丛刊》，神州国光社1953年9月版，42页。

了雍正的《大义觉迷录》，怕是只有冯桂芬的这部《校邠庐抗议》得到了这份殊荣。更何况，《大义觉迷录》是皇帝自己编著的，而《校邠庐抗议》却是臣子所著。可以想到的理由，除了孙家鼐在奏折中提到的三条，即推动变法、广开言路、考察官员，很重要的一点是它的名气太大了。其实，在孙家鼐之前，光绪皇帝的另一位老师翁同龢已经向他推荐过这部书。他在光绪十五年（1889）十二月初四的日记中曾记此事：

> 初四日早阴午晴，……看《抗议》，昨言此书最切时宜，可择数篇，另为一帙。今日上挑六篇，装订一册，题签交看，足征留意讲求，可喜！[1]

可见，在孙家鼐奏请刷印此书、交群臣讨论之前，光绪皇帝对冯桂芬的这部书已不陌生，甚至颇有好感，所以才选出六篇，单独装订成册，请翁先生过目。虽然我们不知道他究竟选了哪六篇，但由此可以体会他对此书的重视程度。其实，早在皇帝看中此书之前，也即在它的传抄阶段，一些地方大员和知识精英就对此书多有赞许，评价极高。此书虽说完成于咸丰十一年（1861），却不妨看作是他多半生的积累。冯桂芬是苏州府吴县人，生于嘉庆十四年（1809），字林一，号景亭，晚号怀叟。年轻时，他也曾奔走于科举之途，以博

---

1 ［清］翁同龢：《翁文恭公日记》（节录），中国史学会主编：《戊戌变法》（一），收入《中国近代史资料丛刊》，神州国光社1953年9月版，509页。

取功名仕进，却又不甘于此，总想着能在经世致用上有所作为。他既以"景亭"为号，"林一"为字，其中便寓意着他对顾炎武道德学问的景仰。他十八岁院试中秀才，二十三岁乡试中举，三十一岁会试高中榜眼，赐进士及第，用十三年的时间完成了人生的三级跳，实现了人生的重大转折。

然而，进士及第的冯桂芬似乎并没有看到实现其远大抱负的机会。尽管得到了令人羡慕的翰林院编修的职位，但这毕竟是个闲职，礼遇虽优却并无事权。在京十年，除了到广西做过半年主考官，他并未得到更多有所作为的机会。这对于想做事的他来说，不能不说是一种折磨。他又不善交际，疏于走动，也就更少了为国事贡献其才华的可能。道光三十年（1850），道光皇帝驾崩，其子奕詝继承皇位，改第二年为咸丰元年。新皇帝总要有点儿新气象，何况鸦片战争后内外危机四伏，于是咸丰帝诏告内外大臣各举贤才。当朝大学士潘世恩举荐了林则徐、姚莹、邵懿辰与冯桂芬。潘是咸丰皇帝的师傅，地位显赫，得其力荐，冯桂芬正可在仕途上一展抱负。不幸的是，这一年的七月二十四日，其父冯智懋去世，按规制，他必须回籍守制，眼看着失去了一个难得的机遇。

但是，塞翁失马，焉知非福。他离开京城，回到故乡苏州，反而找到了更加广阔的实现自我价值的舞台。在他守制期间，两江总督陆建瀛在朝廷支持下大力整顿淮南盐务，邀他一同纂修《两淮盐法志》。这段经历让他比较深入地了解了中国盐政的历史和现状，对淮盐的弊端感受尤为深刻。日后他作《校邠庐抗议》，其中有一篇《利淮盐议》，就是从这里得到的启发。就在他守制期限将满的时候，一件震惊朝野的大事发生了。洪秀全率众在广西桂平县金田村起义，建号太平天国，并以不可阻挡之势，屡挫清军，迅速占领金陵。长江下游一带，尤其是作为江苏首府的苏州，遂成为抵抗太平军的前线。咸丰三年（1853）春，冯桂芬正准备赴京供职，江苏巡抚许乃钊代传圣旨，要他在籍参与劝捐、团练，不必到京城来了。

这道圣旨不仅改变了冯桂芬的行程，也改变了他的政治命运。他恪尽职守，特别是在剿灭上海小刀会的过程中，募捐、筹饷、募勇、筹办军火有功，被赏五品顶戴，以中允即补。江苏巡抚吉尔杭阿并上奏朝廷，为他请求奖叙，但他致信吉尔杭阿，申诉其有"不可叙者五，不愿叙者二"，尤其是劝捐、团练。他说："将叙劝捐邪？凡在邻里乡党，罔非兄弟甥舅，减彼之财，增己之秩，于情安乎？其不可一也。将叙团练邪？敝郡风气柔弱，习与性成，某等奉诏以来，三年于兹，虽备用其训练申警之方，泛未改其荼蘼隋（惰）窳之习，万一有警，断不足恃，不遑引咎，讵敢计功？其不可二也。"[1]

---

1 ［清］冯桂芬：《与吉抚部书》，《显志堂稿》卷五，41页。

此事颇能看出冯桂芬的人情世故。如果因为劝捐有成绩而得到奖叙，既升官又增加俸禄，那么他如何面对邻里乡党？毕竟，他所劝之捐，都是邻里乡党的血汗，损人而利己，他既不忍为，即使为之心里也会感到不安。他对本乡本土的民风人情，亦有极真切的了解，这里号称"花柳繁华之地，温柔富贵之乡"，过惯了这种生活的人，如何能到战场上拼杀？现在虽然设立了团防，也曾有一些训练，但"万一有警，断不足恃"，与其到那时"引咎"，不如现在就不要朝廷的奖叙。这是他的聪明之处，他既谢绝了本应得到的奖叙，又不肯进京供职，是给自己留了退身之步的。但他并非趋时媚俗、八面玲珑的乡愿，他的性格中固有一种敢于任事、矢志不渝、清介自守、不尚圆滑的品质。因而，他乡居数年，没有像文人墨客那样寄情于山水之间，倒是一脚踏进了是非之地。

冯桂芬所居之苏州府以及周边的松江、太仓地区，自南宋以来，赋税之重一直为全国之最，明清两代尤甚。他既来自民间，对于漕赋过重给周围百姓带来的苦难深有感触。他母亲娘家在太仓，即因催科而破产。母亲曾对他说："汝他日有言责，此第一事也。"[1]因此，他平时就很留意此事，凡涉及漕赋者，未有不求其详而手录成帙的，故冯桂芬对民间苦累纤悉周知，条议说帖岁有所作，积累至数万言。他发现，这

---

1 [清]冯桂芬：《江苏减赋记》，《显志堂稿》卷四，6页。

里的重赋既不是按人头平均计算的，也不是按田亩平均计算的。他在《均赋议》中写道："今苏属完漕之法，以贵贱强弱为多寡，不惟绅民不一律，即绅与绅亦不一律，民与民亦不一律。"[1] 在这种情形之下，自然是有钱有势的富户和蛮横无理的强户占便宜，吃亏的只能是穷人、弱者。按照官府的规定，缴纳赋税时，米是要折合成银子的，"绅户多折银，最少者约一石二三斗当一石，多者递增，最多者培（倍）之。民户最弱者折银，约三四石当一石。强者完米二石有余当一石，尤强者亦完米不足二石当一石。而绅与民又各有全荒之户（官之所谓欠粮户，不能坐以欠字），绅以力免，民以贿免，而其为不完则同，于是，同一百亩之家，有不完一文者，有完至百数十千者，不均孰甚焉"[2]。

尤其是那些包办漕粮的粮书丁胥、刁生劣监，就是一群无赖之徒。他在写给巡抚许乃钊的信中揭露这些人的劣迹，指出："向来刁生劣监包完仓粮，此古之道也。今则不但包完，而且包欠，不但生监包欠，而且丁胥差役无不包欠。向来州县办漕，为一劳心劳力之事，今则大概由丁胥包办。"[3] 于是，这些人有恃无恐，上下欺瞒，中饱私囊，为非作歹。他们既包完包欠，那么，谁完多少，谁欠多少，收粮凭据之给

---

1 [清] 冯桂芬：《均赋议》，《显志堂稿》卷十，1页。
2 [清] 冯桂芬：《均赋议》，《显志堂稿》卷十，1页。
3 [清] 冯桂芬：《与许抚部书》，《显志堂稿》卷五，36页。

与不给，全凭他们一句话，甚至造假虚构，从中渔利。他为许乃钊算了一笔账，朝廷每年所收赋税正供如果是一石的话，而实际征收"总须二石五六斗"，其中"利归州县十二三，利归丁胥差役十七八"。具体言之，"每办一漕，以中数言之，门丁、漕书各得万金。书伙以十数，共二三万金。粮差正副三五十人，人二三百金，又一二万金。粮书二三百人，人一二百金，又三四万金。受规上下诸色人等在外，民膏安得不竭，国课安得不亏"[1]。

咸丰三年（1853），他以多年观察、思考的结果，一再致信江苏巡抚许乃钊，提出均赋的主张。在此之前，他也曾上书曾国藩，建议减赋，并得到曾国藩的首肯。同治元年（1862）春，李鸿章率师来到上海，请他入幕。同治二年（1863），他再次提到减赋一事，并代曾、李起草了《请减苏松太浮粮疏》。此时，朝野内外关于减赋的意见也越来越多，苏、松二府漕赋中的各种弊端，已经到了非下大力气改革的地步。因此，曾、李二人的奏折到京后，朝廷当天就颁布上谕，令他们督饬布政司和粮道设局办理。几经周折，最终朝廷批准了曾、李与冯桂芬斟酌商定的苏松太减赋方案。他为此特别欣慰，以为可以告慰九泉之下的母亲了。

---

1 [清]冯桂芬：《与许抚部书》，《显志堂稿》卷五，37页。

减赋、均赋固然是利国利民的大业,苏松百姓的确很感念他的功德,历久而称道不衰,李鸿章甚至请求朝廷准许苏州为他捐建专祠。不过,均赋、减赋毕竟让他得罪了地方大户、胥吏丁曹、长洲县令、当政方伯,特别是在支持他的江苏巡抚许乃钊因事去职后,他更加势单力孤,乃至竟有人告他在办理劝捐过程中,阿庇亲戚,涉嫌贪污。咸丰皇帝谕令何桂清查明此事,据实复奏。后虽经访查,还他以清白,但圣眷已衰,皇帝对他已不再信任,他亦心灰意冷,自觉时运不济,命途多舛,不如辞官回乡,耕渔自适。然而,此时的江南,哪里能寻一片安宁的土地呢?咸丰十年(1860),太平军攻破江南大营,挥师东进,常州、无锡和苏州相继陷落。于是,无奈中的冯桂芬只好迁往上海避难。恰恰是在客居上海期间,他才有机会完成《校邠庐抗议》的写作。他在写给曾国藩的信中就曾谈起当时的情形:"长夏养疴,检校劫余旧稿,将拙议四十首,缮成两帙,邮呈是正,筹笔余闲,抚览及之,如不以为巨谬,敢乞赐之弁言。托青云而显,附骥尾而彰,荣幸多矣。"[1]

冯桂芬致信时任两江总督协办大学士的曾国藩,目的是将《校邠庐抗议》寄给他,请他批阅,并希望他能赐一篇序言。曾国藩没有为之作序,但是他在给冯桂芬的复信中称赞此书"足以通难解之结,释古今之纷",并且说:"自大著珍

---

[1] [清]冯桂芬:《与曾揆帅书》,《显志堂稿》卷五,31页。

藏敝斋，传抄日广，京师暨长沙均有友人写去副本。"他很乐观地预言："天下之大，岂无贤哲窥见阁下苦心而思所以竟厥功绪，尊论必为世所取法，盖无疑义。"[1]

恰如曾国藩所言，最早对《校邠庐抗议》详加评论并指出其缺憾的，正是曾幕中最有见识的赵烈文。他不仅针对书中每个条目提出自己的意见，而且得出总体的看法："全书精当处皆师夷法，而参用中国前人之说，然凑数而已，不如法夷为得，其论驭夷尤善。"[2] 曾幕中另一位幕友上海文人张文虎读了《校邠庐抗议》之后则认为，"所论时务诸篇，皆中窾要，至其救弊之术则有万不能行者。即使其得位行道，权自我操，恐未必一一能酬，故立言难"[3]。还有曾任陕西布政使的福建闽县人林寿图，曾带病校订《校邠庐初稿》，事后他写下了自己的感受："病中展读，顿起沉疴。若用以医世，寿国寿民可知也。虽所言未尽可行，犹百世俟之矣。"[4] 虽然冯桂芬的思想在他眼里显得有些超前，但他还是看到了这部书的价值，认为这是一剂医世救时的良药，国家用了这剂药，可以长治

---

[1] [清]曾国藩：《曾文正公复冯宫允书》，[清]冯桂芬：《校邠庐抗议》，上海书店出版社2002年1月版，3页。

[2] [清]赵烈文：《能静居日记》，转引自熊月之：《冯桂芬评传》，南京大学出版社2004年9月版，262页。

[3] [清]张文虎著，陈大康整理：《张文虎日记》，上海书店出版社2001年12月版，137页。

[4] [清]林寿图批校：《校邠庐抗议》，[清]谢章铤抄本，藏厦门图书馆，转引自熊月之：《冯桂芬评传》，南京大学出版社2004年9月版，263页。

久安，百姓用了这剂药，可以传家继世。他与曾国藩一样，都相信书中论及的问题以及变革的意见迟早会引起重视，成为社会的共识。

冯桂芬最初将书稿寄呈曾国藩的时候，只称《校邠庐初稿》，此后改为《校邠庐抗议》。他在自序中说，书名"用后汉赵壹传语，名之曰'抗议'，即位卑言高之意"[1]。查《后汉书·赵壹传》，并无"抗议"一词，据传中所述，赵壹不得志，自京城返乡，途经太守皇甫规府第，受到门人冷落，愤而离去。皇甫规闻报后大惊，赶忙写信表示道歉，请他原谅。他在复信中说："实望仁兄，昭其悬迟。以贵下贱，握发垂接，高可敷玩坟典，起发圣意，下则抗论当世，消弭时灾。"[2] 用词虽稍有不同，用意则并无大的出入，也是表明位卑而言高之意，"明知有不能行者，有不可行者。夫不能行则非言者之过，而千虑一得，多言或中，又何至无一可行？"[3] 至于"校邠"二字，似乎是要纠正周人之祖居邠时对外族实行的恕道，其中未尝不隐含着对朝廷一味妥协的外交政策的不满。

冯桂芬在世时，考虑到书中所"抗议"的内容可能会触

1　［清］冯桂芬：《自序》，《校邠庐抗议》，上海书店出版社2002年1月版，2页。
2　［宋］范晔撰，［唐］李贤等注：《后汉书·文苑列传·赵壹传》第七十下，中华书局1965年5月版，2633页。
3　［清］冯桂芬：《自序》，《校邠庐抗议》，上海书店出版社2002年1月版，2页。

犯"时忌"，一直未将此书公开刊行。朋友们也觉得，书中有些议论过于激烈，搞不好会给他招来祸患，建议他谨慎行事。冯桂芬去世后，其子为他编辑文集《显志堂稿》，而《校邠庐抗议》是否收录其中，收多少，怎么收，都是绕不过去的难题。最后，其子决定只收事关经济改革的内容，至于言辞比较激烈的涉及政治体制改革的文章，则一概舍去。由此可见当时的言论尺度，国人可以接受西方的船炮比中国强，却不能接受西方的政治制度比中国更优越。尽管徐继畬早在《瀛寰志略》中就已介绍过英美的民主政治，并深刻认识到这才是西方列强船坚炮利背后的原动力，但冯桂芬似乎只能将自己的言论限制在"中学为体，西学为用"的框架内，他说："以中国之伦常名教为原本，辅以诸国富强之术，不更善之善者哉？"[1]然而，这并不表明冯桂芬是以军事技术的改进为帝国变法自强的必由之路，至少，他还明确批评过西洋富强之术在艺不在教的意见。朱维铮相信："无可置疑的是他为帝国'自改革'确定了新的取向。"[2]

直到光绪九年（1883），《校邠庐抗议》才由天津广仁堂首次刊行，此时距冯桂芬离世已经九年，距其成书也已经过去

---

[1] [清]冯桂芬：《采西学议》，《校邠庐抗议》，上海书店出版社2002年1月版，55页。
[2] 朱维铮：《晚清的"自改革"与维新梦》，朱维铮、龙应台编著：《维新旧梦录：戊戌前百年中国的"自改革运动"》导读，生活·读书·新知三联书店2000年10月版，52页。

二十二年了。不久,冯桂芬次子冯芳植署理江西饶州府,于是又有豫章刻本问世。时任江西学政的陈宝琛还为之作了一篇序,并将此书比作贾谊的《治安策》。光绪十年(1884),著名学者谭献在日记中写下了读此书的感想,他说:"阅冯敬亭中允《校邠庐抗议》四十篇,断断凿凿,若可见诸施行。而所言保举、裁官两大端,皆欲用乡董。天下事有三代下必不可复古者,如士大夫居乡,一涉用人行政,鲜有不乱。"[1]他批评冯桂芬,以为不该用三代的经验来附会当下的情势。其实,冯桂芬对这个问题并非没有认识,他在《自序》中明确表示,"古今异时亦异势",因此,复古是行不通的。不过他说:"古法有易复,有难复,有复之而善,有复之而不善。复之不善者不必论,复之善而难复,即不得以其难而不复,况复之善而又易复,更无解于不复。去其不当复者,用其当复者,所有望于先圣、后圣之若合符节矣。桂芬读书十年,在外涉猎于艰难情伪者三十年,间有私议,不能无参以杂家,佐以私臆,甚且羼以夷说,而要以不畔于三代圣人之法为宗旨。"[2]

无论如何,冯桂芬在寻找帝国变法自强的思想资源时,并非如他所言,仅以"三代圣人之法为宗旨",他更注重的倒不如说是"羼以夷说"。在这里,与其说他要复"三代"之

---

[1] [清]谭献:《复堂日记》,转引自熊月之:《冯桂芬评传》,南京大学出版社2004年9月版,264页。

[2] [清]冯桂芬:《自序》,《校邠庐抗议》,上海书店出版社2002年1月版,2页。

古，不如说他是以"三代"之古为障眼法，骨子里还是强调学习西法之必要。主张变法革新的内阁大学士阔普通武就看得很清楚，他在签注中写道："全书精粹最妙者有二语：曰'法苟不善，虽古先吾斥之；法苟善，虽蛮貊吾师之'，旨哉斯言，千古名论也。现值庶政维新，诚本此二语以行之，深合乎穷变通久之大旨焉。"[1]这里所谓"古先"，就包括了祖宗成法，而所谓"蛮貊"，自然是指西方列强。很显然，他以善与不善为标准，并不以"古先"或"蛮貊"为标准。如果"蛮貊"的办法可以富国强兵，他宁愿学习"蛮貊"的办法。这也是深合光绪皇帝心愿的，他从甲午战争中老大中国败于小小日本的事实看到，中国要实现自强，除了学习西方、变法维新，没有别的路可走。虽然这时的舆论环境与三十年前相比，已不可同日而语，康、梁在他们的论著中已经把帝国改革的目标设定为全面变革，尤其是帝制的更新，但朝廷中不是所有官员都能认识到这一点，并接受这种意见。人们对于祖宗之法能不能变，西方的东西能不能学，学什么，怎么学，还是有很大争议的。拥护的呼声很高，反对的声音也不低。光绪皇帝要求群臣对冯桂芬的《校邠庐抗议》发表意见，不能说没有借此统一思想认识的考虑。只不过历史没有留给他足够的时间，随着戊戌变法的失败，"西化"遂被慈禧与义

---

[1] 李侃、龚书铎：《戊戌变法时期对〈校邠庐抗议〉的一次评论——介绍故宫博物院明清档案部所藏〈校邠庐抗议〉签注本》，《文物》1978年第7期，转引自熊月之：《冯桂芬评传》，南京大学出版社2004年9月版，269页。

和团的疯狂排外所取代，最终导致八国联军占领北京，慈禧带着光绪逃亡西安，而《辛丑条约》的签订，更让中国付出了赔偿四亿五千万两白银的惨痛代价。

著名报人、改良思想家王韬谈到冯桂芬和他的《校邠庐抗议》，看法最为透彻，也最有代表性，他说：

> 先生上下数千年，深明世故，洞烛物情，补偏救弊，能痛抉其症结所在。不泥于先法，不胶于成见，准古酌今，舍短取长，知西学之可行，不惜仿效；知中法之已敝，不惮变更。事事皆折衷至当，绝无虚骄之气行其间，坐而言者可起而行。呜呼！此今时有用之书也，贾长沙、陈同甫逊此剀切矣，今日知先生者尚有人，而行先生之言者，恐无其人矣。[1]

这是真知冯桂芬者。百余年之后，我们再读冯桂芬的《校邠庐抗议》，仍有振聋发聩之感，并为之感到遗憾。

---

[1] [清]王韬：《〈校邠庐抗议〉跋语》，[清]冯桂芬：《校邠庐抗议》，弢园书局，光绪丁酉年版，转引自熊月之：《冯桂芬评传》，南京大学出版社2004年9月版，264—265页。

怎样评价康、梁在戊戌变法中的作用？

多年来,

人们对康、梁的曲解、误解是根深蒂固的,

解决这个问题,

不仅有待于新史料的发现,

更有赖于历史观的改变。

公正地对待一个历史人物,

有时真的很不容易。

2018年是戊戌维新变法120周年。120年前的6月11日（清光绪二十四年戊戌夏历四月二十三日），光绪皇帝颁布《定国是诏》，是为维新变法的开始。这是一场自上而下的维新变法运动，"不甘作亡国之君"的光绪皇帝是这场运动的直接发起者与实际决策人。从光绪帝"诏定国是"决定变法，到慈禧太后以"训政"的名义发动政变（1898年9月21日，即清光绪二十四年戊戌夏历八月六日），只经过了短短的103天，变法即归于失败，但就在这短短的103天里，光绪皇帝颁布了一系列除旧布新的"上谕"，这些以更张旧制、弃弱图强为诉求的"新政"，不仅令国人惶惑不安，也震惊了世界，向世人展现了中国改变积贫积弱现状，实现国富兵强的新的可能性。

光绪皇帝的老师、协办大学士、户部尚书翁同龢（字叔平，号松禅，江苏常熟人）草拟了这道《定国是诏》。据说，他在草此诏时参考了之前监察御史杨深秀的《请定国是明赏罚以正趋向而振国祚折》，以及翰林院侍读学士徐致靖的《请明定国是折》，而他们二人的这两道奏折，都是一直积极推动变法的康有为代拟的。这侧面表明康有为是戊戌变法最直接的推手，称他为"戊戌维新运动的核心和灵魂"[1]，一点儿都不过分。按照孔祥吉先生的考证，戊戌数月间，可以确认为康有为手撰的奏折便有七十四篇，甚至还不止此数。其中有相

---

[1] 孔祥吉编著：《康有为变法奏章辑考》，北京图书馆出版社2008年3月版，1页。

当大的部分是通过陈其璋、杨深秀、徐致靖、宋伯鲁、文悌、李盛铎、王照、麦孟华等人呈递的。显而易见的是，从兴起、发展，到受挫、失败，百日维新始终都贯穿着康有为的影响与作用，这是不容置疑和否定的。同为戊戌变法主将之一的张元济，政变后曾写信给与康、梁有隙的汪康年："康固非平正人，然风气之开，不可谓非彼力。"[1]

张元济说的不错。康有为确是个开风气的人物，戊戌变法亦是一场开风气的思想解放运动。也就是说，狭义的戊戌变法固然专指戊戌年6月至9月这103天，而广义的戊戌变法则应该包括1895年"公车上书"以来广泛开展的思想解放运动。在这个意义上，戊戌变法在政治上虽然不成功，甚至不妨说失败得很惨，谭嗣同等"六君子"被杀，一大批支持变法的官员或被罢官，或被流放，康、梁亦流亡海外。但是，思想的闸门一旦打开，则如江河横溢，不可阻挡，其影响不可估量。尽管以慈禧为代表的保守派废止了变法期间光绪皇帝颁布的绝大部分新政，但事实上，已经没有人可以阻止中国走上变革之路。变则生，不变则死，几乎成为所有人的共识。这场思想风暴，一直刮到20世纪70年代，搅动着那一潭死水。

1　上海图书馆编：《汪康年师友书札》第2册，上海古籍出版社1986年版，1738页。

怎样评价康、梁在戊戌变法中的作用?

近年来,关于康、梁在戊戌维新变法中的作用,可以说是众声喧哗,意见纷呈。比较突出的看法有以下几种。一种认为,康、梁在变法中的作用本来没这么大,由于事后他们在讲述这段历史时将其作用不适当地夸大了,而且很长时间以来,戊戌变法的研究者多以他们提供的这些材料为依据,故而高估了他们的作用。另一种认为,康有为应该为戊戌变法的最终失败负责,他的急躁、莽撞乃至激进,是戊戌变法没有成功的重要原因。还有一种意见,直接指向康的品性,指责他狂妄自负,导致了与其他改革势力离心离德,像以张之洞为代表的群体,不仅不与他合作,甚至给他拆台,不愿意看到他的成功。再有一种看法更充满戏剧性,据说慈禧原本并不反对变法,如果不是康有为处理不当,竟想要鼓动袁世凯兵变,围慈禧于颐和园,慈禧是不会突然变脸,发动政变的。凡此种种,不一而足。

这些说法在坊间流传甚广,影响极大。这也恰恰说明了,在中国,只要是改革、变法,都很难为人所理解、所接受,不仅当初如此,百余年后,亦复如此。事实上,在清末那样一个万马齐喑、万喙息响的年代,康有为的举动的确给人以石破天惊之感。要知道,清王朝对读书人的管控是极严的,不能随意谈论政治,更不许随意上书。康有为以一介布衣,打破士人不许问政的禁令,上书皇帝,要求改革政治,以救时危,是冒着杀头乃至诛灭九族风险的,由此可见他的气概和胆识，确有过人之处。梁启超在《戊戌政变记》开篇就写道："自光绪十四年（1888年），康有为以布衣伏阙上书，极陈外国相逼，中国危险之状，并发俄人蚕食东方之阴谋，称道日本变法致强之故事，请厘革积弊，修明内政，取法泰西，实行改革。当时举京师之人，咸以康为病狂。大臣阻格，不为代达。康乃归广东开塾讲学，以实学教授弟子。"[1]他在《清代学术概论》中也曾忆起康的这段经历："越三年，而康有为以布衣上书被放归，举国目为怪。"[2]

这是康有为第一次上书时的情形，"举国目为怪"，"咸以康为病狂"。而康有为的《上清帝第一书》，又称为《为国势危蹙 祖陵奇变 请下诏罪己 及时图治折》，撰写于光绪十四年（1888年）十月，他受到此前中法之战福建水师战败的刺激，借出游北方之机，"以一诸生伏阙上书，极陈时局，请及时变法，以图自强"[3]。在此次上书中，康氏"罔知忌讳""干冒宸严"（喻指皇帝），大胆揭露了清政府内政不修，国事败坏，耽于安乐，兵弱财穷的现状，提出了"变成法，通下情，慎左右"的要求，并建议仿照汉朝议郎，设立训政之官。在他看来，中国"自马江败后，国势日蹙，中国发愤，

---

1 梁启超：《戊戌政变记》，梁启超：《饮冰室合集》专集之一，中华书局1989年1月版，1页。
2 梁启超撰，朱维铮导读：《清代学术概论》，上海古籍出版社1998年1月版，83页。
3 梁启超：《南海康先生传》，梁启超：《饮冰室合集》文集之六，中华书局1989年版，63页。

只有此数年闲暇，及时变法，犹可支持，过此不治，后欲为之，外患日逼，势无及矣"。[1]

如果说这是康有为为清王朝敲响的警钟，那么，很显然，清王朝的统治者并未因此从昏睡中醒来。仅仅时隔六年，中国就遭遇了更加惨重的失败，而这次竟然败给了自己的邻居——"蕞尔小国"日本。次年三月，李鸿章与伊藤博文签订《马关条约》，其中要求中国承认朝鲜国独立，并割让台湾岛及其附属岛屿、辽东半岛，赔偿白银二万万两。这件事给中国读书人的刺激太大了，梁启超说："吾国四千余年大梦之唤醒，实自甲午战败割台湾，偿二百兆以后始也。"[2] 这时，恰逢各省举子云集北京，大约有五千人之多，这些人都是前来参加会试的青年才俊，其中很多人将成为这个国家各方面的人才。康、梁一直活跃在他们中间，不遗余力鼓动"公车上书"，力陈变法图存，痛下哀声。康氏很快成为一颗迅速升空的政治新星，在众多举子中脱颖而出，一鸣惊人。

康、梁历来被人们说成是"公车上书"的发起者和领导者，他们自己也常常以此自居。而目前可以看到的研究成果

---

[1] 康有为撰，楼宇烈整理：《康南海自编年谱（外二种）》，中华书局1992年9月版，15页。
[2] 梁启超：《戊戌政变记》，梁启超：《饮冰室合集》专集之一，中华书局1989年版，1页。

则证明，在这件事上，康、梁的自述并非实事求是，他们不仅夸大了自己在其中的作用，也夸大了运动本身。这些学者指出，当时各省公车多局限在本省人的圈子内活动，康、梁很难去发动和领导他们。而且，康、梁的背后，也还有了解内幕的京官向他们透露情报，策动他们上书，甚至还有更高层的官员在背后操纵他们。说白了，他们只是所谓"帝党"的一杆枪，由他们出面，鼓动学潮，干涉政府决策，从而将宫廷内部帝后两党的斗争公开化、社会化，以社会舆论（即所谓"公论"）向李鸿章乃至整个"后党"施加压力。这些研究成果固然使我们看到了曾经被遮蔽的某些历史真相，看到了康、梁故意夸大自己作用，修改历史叙事以美化自己的一面，但同时也可能遮蔽历史真相的"另一面"，以一种倾向掩盖另一种倾向。在将康、梁虚无化的过程中，这场运动之于思想史、文明史的价值和意义也被消解了。

事实上，在这场运动中，康、梁从未置身事外。倒是一些过来人看到了这点儿"真相"，肯在其记述中将康、梁称作"运动主持"[1]。光绪二十一年乙未（1895）夏季，沪上哀时老人未还氏在其所作《公车上书记》中亦写道："中日和约十一

---

[1] 刘成禺（1876—1953），湖北江夏人，早年追随孙中山，在日本学习陆军，并办报撰文，时人誉为"才兼文武"，晚年忆写从前所见所闻之事，成《世载堂杂忆》一书，其中"守旧维新两派之争"写道："至欧风东渐，则又高谈维新，有公车上书之会，有保国之会，康有为、梁启超等运动主持。"见该书辽宁教育出版社1997年3月版，94页。

款，全权大臣既画押，电至京师，举国哗然，内之郎曹，外之疆吏，咸有争论。而声势最盛、言论最激者，莫如公车上书一事。"[1] 他在这里所说，即康有为以一昼两夜撰写的《上清帝第二书》，后来被称作"公车上书"。虽然此书最终未曾向都察院呈递，但经过其弟子梁启超、麦孟华的誊抄，并在各省举子中广为传阅，使得康有为"非迁都不能拒和，非变法无以立国"的主张，产生了十分深远的影响。

一场声势浩大的"公车上书"像狂飙一样横扫北京上空，但很快就归于沉寂了。王公大臣好像什么事情都没发生过一样，继续着醉生梦死的日子，京城亦恢复了往日歌舞升平的景象。康氏弟子徐勤（字君勉）在《南海先生四上书杂记》中曾写道："和议既定，肉食衮衮，举若无事；其一二稍有人心者，亦以为积弱至此，天运使然，无可如何，太息而已。"[2] 康有为并没有因此气馁，他选择了继续向皇帝和枢臣申述变法的必要性和紧迫性。在"公车上书"之后的闰五月初，他便将《上清帝第三书》，又称《请及时变法富国养民教士治兵呈》递交到都察院。此书是在《上清帝第二书》的基础上改写的。考虑到前一次上书未能呈递上去，于是，他将前书中

---

[1] 转引自孔祥吉编著：《康有为变法奏章辑考》，北京图书馆出版社2008年3月版，42页。
[2] 徐勤：《南海先生四上书杂记》，夏晓虹编：《追忆康有为》，中国广播电视出版社1997年1月版，293页。

拒和、迁都、再战的内容删去，增加了富国、养民、教民、治兵以及改革科举、兴办教育、广聚人才等内容，尤为重要的，是提出了设立"议郎"的建议：

> 伏乞特诏颁行海内，令士民公举博古今、通中外、明政体、方正直言之士，略分府、县，约十万户而举一人，不论已仕未仕，皆得充选，因用汉制，名曰议郎。皇上开武英殿，广悬图书，俾轮班入直，以备顾问。并准其随时请对，上驳诏书，下达民词。凡内外兴革大政，筹饷事宜，皆令会议，三占从二，下部施行。所有人员，岁一更换，若民心推服，留者领班，著为定例，宣示天下。上广皇上之圣聪，可坐一室而照四海；下合天下之心志，可同忧乐而忘公私。[1]

在这里，康有为明确表达了兴民权、抑君权的意愿和要求，以及他对西方议会制民主的理解。他们这一代学者恰逢新旧交替的时代，对西方的认识首先基于自身的文化传统，在他们看来，未来中国无非是传统中国的延续罢了。所以，康有为要借汉制"议郎"来表达他变法改制的意图，在他，只能这样做，在光绪，恐怕也只有这样才能理解康有为想要说什么。幸运的是，自光绪十四年（1888）到光绪二十三年

---

[1] 康有为：《上清帝第三书》，孔祥吉编著：《康有为变法奏章辑考》，北京图书馆出版社2008年3月版，67页。

（1897），康有为屡屡上书，只有这次，经都察院代为呈递，很快呈现在光绪皇帝面前。有证据表明，在甲午战败之后，光绪帝愤于国势危迫，民生日艰，急于博采众论，变法更张，这一念头就是看了康有为这篇充满改革新思想的条陈产生的。于是，就在当月，光绪便颁布了著名的自强谕旨，发出了明确的改革信号。据梁启超记述："其年六月，翁（同龢）与皇上决议拟下诏救十二道，布维新之令。"[1]同时，朝廷罢免了保守派孙毓汶、徐用仪。看上去，一时朝野上下都很有发愤为雄，力图自强的表现。

康有为的改革变法思想最"猛烈的宣传运动者"，非梁启超莫属。对梁启超来说，1895年的"公车上书"是一个转折点。此前，他是万木草堂的学长、康有为的大弟子。此后，他追随康有为，办报办学，鼓吹变法维新，名重一时，甚至超过康有为。他作《变法通议》在《时务报》连载，"每一册出，风行海内，自是谈变法自强者，成为风气"[2]。随后他受聘于湖南长沙时务学堂，为总教习，专门阐发康氏一家之学，直到戊戌政变，亡命日本，思想为之一变，才逐渐摆脱康氏思想的羁绊。

---

[1] 梁启超：《戊戌政变记》，梁启超：《饮冰室合集》专集之一，中华书局1989年版，2页。
[2] 超观：《记梁任公先生轶事》，夏晓虹编：《追忆梁启超》，中国广播电视出版社1997年1月版，51页。

康有为是个颇为自负的人，他曾说，其思想三十岁前已经完成。这种说法亦可看作康有为好为大言的证据。康有为生于咸丰八年戊午（1858），三十岁应为光绪十四年戊子（1888）。这一年，康有为以《上清帝第一书》而博得大名。离京前，沈曾植、沈曾桐兄弟将廖平所作《今古学考》送给他，本意是劝他勿谈国事，把兴趣转移到训诂考据上来。没有想到的是，这样一部书反而成全了他，居然让他从这里找到了支持变法改革的历史依据。大约两三年后，他在《今古学考》的基础上，先后完成了轰动朝野的两部书《新学伪经考》和《孔子改制考》。这是康有为的变法主张从朴素的哀民生之艰、悼国事之危，向理论建构提升的标志之一。至此才能说，康有为在戊戌变法期间的政治改革方案，是有理论依据的。这个理论就是经他改造的经今文学，其中包括孔子托古改制，尊孔子为文明教主，又倡《春秋》公羊学的三世说，强调历史经据乱世、升平世、太平世而向前发展，破除了中国历史上一贯厚古薄今、古胜于今的观念，取消了古人对于今人的典范作用，祖宗家法不再具有天然的合理性与合法性。如果说康有为激进的话，那么，其政改方案的激进恰恰来自其学术理念的激进。他的《新学伪经考》更是质疑两汉以来的经学主流，将两千年来所奉行的"六经"皆称为"新学伪经"，实际上是对整个古代文明的否定，表现出更加激进的思想面貌。有意思的是，虽然后来有些人认为戊戌变法的失败是康氏的激进造成的，但戊戌政变之后的中国并没有吸取激进的教训，反而变得更加激进了，其中的原因也十分耐人寻味。

康有为的变法理论从一开始就受到来自各方面的批评、质疑乃至扼杀。清末著名经学家朱一新就曾写信给他，逐条纠正他的错误，比如他说："今更欲附会《春秋》改制之义，恐穿凿在所不免。"他的意思是想告诉康有为，汉代所说的改制，是指礼仪方面的改革，所依据的《王制》，也是汉儒后来得到的，应该说是"王制摭及公羊，非公羊本于王制"，至于《论语》、"六经"以及诸子，更不能全用"公羊家法"来解释，他说得很肯定："近儒乃推此义以说群经，遂至典章、制度、舆地、人物之灼然可据者，亦视为庄、列寓言，恣意颠倒，殆同戏剧，从古无此治经之法。"他尤为担心的是，康有为如此推重"公羊"，只讲"张三世""通三统"，不讲"异内外"，是很危险的，"且将援儒入墨，用夷变夏，而不自知"[1]。

朱一新独具慧眼，是看得很准的。在他，以为"用夷变夏"是很危险的事，殊不知，康有为要的就是"用夷变夏"呀！美国汉学家列文森在其名著《儒教中国及其现代命运》一书中便肯定了康有为作为历史开创者的贡献，他说："康有为采用了这些观点，是为了改革儒学，使儒学与近代的改

---

[1] 钱穆：《中国近三百年学术史》下册，商务印书馆1997年8月版，728—732页。

革实践相结合，并付诸行动，从而为权威的儒学提供了最后一次服务于近代中国政治的机会。"[1]但是，以捍卫学术正统、维护现有体制自任的人，绝不可能像朱一新这样，书生气十足地与他讨论问题，客气的如翁同龢，会称他"说经家一野狐"，表示"惊诧不已"[2]。而在那些顽固守旧的人看来，康有为这样做就是欺师灭祖，大逆不道，非圣无法，惑世诬民，不除之不足以稳定人心，统一思想。就在《新学伪经考》问世后不久，一个叫余联沅的人上了弹劾康有为的奏章，要求将此书立即销毁，并警告各地书院生徒及所属士子，不要被康有为迷惑。至于康有为这个人如何处置，则请皇帝自己拿主意。光绪帝当日就给两广总督李瀚章发出一份措辞严厉的谕旨，让他查明情况，如果该书确系离经叛道，就当即销毁，对康有为，则放了一马。

实际上，从甲午到戊戌，康、梁在为变法维新四处奔走的过程中，受到各种势力的围攻、诋毁、诬陷、谩骂，可谓数不胜数，从未断绝。张之洞是主张"中学为体，西学为用"的，围绕在他身边的梁鼎芬等人，都对康、梁采取极端敌视的态度，其中原委固有学术上的分歧，张之洞对康的独尊公

---

1 ［美］约瑟夫·列文森著，郑大华等译：《儒教中国及其现代命运》，中国社会科学出版社2000年5月版，277页。
2 转引自茅海建：《从甲午到戊戌：康有为〈我史〉鉴注》，生活·读书·新知三联书店2009年5月版，36页。

羊，托古改制，以孔子为文明教主，用孔子纪年，都是难以认同的，但他很少做学术上的辩难、商榷，而是直接对康的学说做政治理念的解读和政治企图的判断，并上纲上线，认为康有谋反之嫌，保中国不保大清。这怕是一种诛心之论，欲陷康、梁于险境也，而欲置康、梁于死地的，还有湖南的叶德辉之流。他们要捍卫纲常名教，自然视康、梁为洪水猛兽，必欲除之而后快。湖南举人曾廉上书请杀康、梁，等于是拉开了戊戌政变的序幕。

应当看到，当年，无论是仇视康、梁，反对康、梁，还是支持康、梁，拥护康、梁的人，没有不把他们视为戊戌变法主谋的。没有他们的努力，戊戌变法的历史或当改写，中国人思想解放的进程也另当别论。由于戊戌变法在政治改革上的失败，今天有些人责备康有为，以为是他在政治上的幼稚、鲁莽、任性，以及思想上的偏执、激进、固执造成的；也有人借口康、梁曾说了一些假话，或为"感情作用所支配，不免将真迹放大"[1]，进而怀疑他们在戊戌变法中的地位和作用，这样做其实是把历史看得太简单了，而且有庸俗化的嫌疑。近来，颇有人在贬低康、梁的同时，为张之洞张目，认为在康、梁变法之外，另有变法的稳健派在，并以张之洞为代表。又借陈寅恪所言，辩称戊戌变法在当时"盖有不同之

---

[1] 梁启超：《中国历史研究法》，华东师范大学出版社1995年12月版，125页。

二源"，如果不是光绪皇帝受了康有为的蛊惑，未能采纳如张之洞等封疆大吏的主张，戊戌变法也许不会失败。姑且不论历史不能假设，即使是陈寅恪所言，也并非引述者所理解的意思。这段话写于陈寅恪《读吴其昌撰〈梁启超传〉书后》一文，他是这么说的：

> 当时之言变法者，盖有不同之二源，未可混一论之也。咸丰之世，先祖亦应进士举，居京师。亲见圆明园干霄之火，痛哭南归。其后治军治民，益知中国旧法之不可不变。后交湘阴郭筠仙侍郎嵩焘，极相倾服，许为孤忠闳识。先君亦从郭公论文论学，而郭公者，亦颂美西法，当时士大夫目为汉奸国贼，群欲得杀之而甘心者也。至南海康先生治今文公羊之学，附会孔子改制以言变法。其与历验世务欲借镜西国以变神州旧法者，本自不同。故先祖先君见义乌朱鼎甫先生一新"无邪堂答问"驳斥南海公羊春秋之说，深以为然。据是可知余家之主变法，其思想源流之所在矣。[1]

陈寅恪在这里说得很明白，既划清了与康有为的界限，也表明了家学渊源是在郭嵩焘这一脉，与张之洞"中学为体，西学为用"的思想观念自然不同。且不谈张之洞的改革变法

1　陈寅恪：《寒柳堂集》，生活·读书·新知三联书店2001年4月版，167页。

究竟如何，其人品也是很差的。戊戌政变发生的第二天，即八月初七日，张之洞在得到慈禧再度归政的消息后，马上致电大学士孙家鼐："梁乃康死党，为害尤烈。"落井下石如此，也算少见了。难怪孙宝瑄要在戊戌年九月二十四日的日记中记下这样一笔：

> 微阴，枚叔过谈。今日中国之反覆小人阴险巧诈者，莫如两湖总督张之洞为甚。民受其殃，君受其欺，士大夫受其愚，已非一日。自新旧党相争，其人之罪状始渐败露，向之极口推重者，皆失所望，甚矣，人之难知也。[1]

多年来，人们对康、梁的曲解、误解是根深蒂固的，解决这个问题，不仅有待于新史料的发现，更有赖于历史观的改变。公正地对待一个历史人物，有时真的很不容易。梁启超在谈到他的老师康有为时就曾指出，世界上有"应时之人物"，亦有"先时之人物"，"应时之人物者，时势所造之英雄；先时之人物，造时势之英雄也"。他还说，康有为就是一位"先时之人物"，"凡先时人物所最不可缺之德性有三端：一曰理想，二曰热诚，三曰胆气"，康先生全都具备，"若其理想之宏远照千载，其热诚之深厚贯七札，其胆气之雄伟横一世，则并时之人，未见其比者。先生在今日，诚为举国之

---

[1] 孙宝瑄：《忘山庐日记》，上海古籍出版社1983年4月版，272页。

所嫉视；若夫他日有著二十世纪新中国史者，吾知其开卷第一叶，必称述先生之精神世界，以为社会原动力之所自始"[1]。值此戊戌变法 120 周年之际，我们重温梁启超的这段话，也许不是无益的。

---

[1] 梁启超：《南海康先生传》，夏晓虹编：《追忆康有为》，中国广播电视出版社 1997 年 1 月版，1—3 页。

戊戌风云中的徐世昌

袁世凯告密绝非戊戌政变的唯一原因,

它有一个酝酿发酵的过程,

非一朝一夕之故。

其中帝后两党的权力之争起主导作用,

慈禧固然并无仇视新法之意,

但她或许在意由谁来确立新法,

以及谁来任命推行新法的人。

历史翻到了光绪二十四年戊戌（1898）这一页，徐世昌协助袁世凯小站练兵已是第三个年头。徐是袁的老朋友，甲午战争前，袁世凯微服潜逃回国，李鸿章令其与他人同办转运。这个微末之职与他所期待的"从此可跻高位"相差甚远，但他是个玲珑剔透之人，京城的环境恰好给了他广结官员的机会，也成全了他对异路功名的热望。他在写给其兄世敦、世廉的信中提到："正在侘傺无聊之候，忽遇契友阮君斗瞻，愿作曹邱生，劝弟投其居停李总管门下。得其承介，晋谒直督荣中堂。"[1]这里的李总管，即大太监李莲英，而荣中堂即荣禄，此时他是直隶总督。这一次袁世凯心遂所愿。由于朝廷不满于绿营的涣散，急欲编练新军，荣禄正为此物色人才。袁世凯的出现可谓恰逢其时。他在晋谒荣禄时详细回答了有关外国兵制的提问，荣中堂甚为满意，很快将他介绍给李鸿章。李鸿章是了解袁世凯的，他说："袁某对于军事上之新学识，深有心得，畀以练兵之责，必能胜任也。遂合词奏保，即蒙召见，奏对称旨，奉谕派为北洋练兵大臣。"[2]

这是袁世凯自己的说法。然而，袁世凯督练新军究系何人所荐，陈夔龙的《梦蕉亭杂记》还提供了另一种说法。他说："甲午中日之役失败后，军务处王大臣鉴淮军不足恃，改练新军。项城袁君世凯，以温处道充新建陆军督办。该君屯

---

[1] 袁世凯：《尺素江湖：袁世凯家书》，九州出版社2013年9月版，101页。
[2] 袁世凯：《尺素江湖：袁世凯家书》，九州出版社2013年9月版，101页。

兵天津小站，于乙未（1895）冬成立。当奏派时，常熟不甚谓然，高阳主之。"[1]陈夔龙（约1855—1948），字筱石，号庸庵，别署庸庵居士，光绪十二年丙戌（1886）进士，当时在京城译署为官。他这里提到的常熟，即光绪帝的老师翁同龢，高阳即清流领袖李鸿藻。他们同为军机大臣，提携一个军务处的下级官员，自然不在话下。据说，袁世凯结识李鸿藻，是徐世昌介绍的，袁还乘机向李递了门生帖子，算是拜门。他"以曾在朝鲜为其国王练军，自诩知兵，乃奔走于督办军务处王大臣之门，而以训练洋队之说进，李鸿藻、荣禄均为所动，而李尤激赏，谓世凯'家世将才，娴熟兵略，如令特练一军，必能矫中国绿防各营之弊'，乃嘱袁草拟练兵要则及营制规章，凡数千言，大旨则步兵操法以师法德国为主。乙未（1895）十月，督办军务处商定，调胡燏棻督办关内外铁路大臣，兴造津芦铁路，并请变通军制，在天津新建陆军，派袁世凯督练"[2]。

徐世昌与清流素有往来。他与陈夔龙均为同年同榜知名者，区别仅在于陈夔龙改部曹，他授翰林院庶吉士；三年后，光绪十五年己丑（1889），散馆，又授编修。按照清朝规制，散馆相当于一次后备干部考核，"前科庶吉士于下科殿试

---

[1] 陈夔龙：《梦蕉亭杂记》卷二，荣孟源、章伯锋主编：《近代稗海》第一辑，四川人民出版社1985年8月版，373页。
[2] 沈云龙口述：《徐世昌评传》，中国大百科全书出版社2013年1月版，8—9页。

前，再经廷试一次，课以一赋一诗，仍以殿试卷书之，亦分一、二、三等。一等与二等前列，可留馆授编修、检讨，余以主事分部，仍候补或知县即选"[1]。看来，徐世昌这次考得不错，取得了编修的资格，如果再有一次翰林大考，加以很好地发挥，或可超升，进而成为侍讲，或外放学政，也未可知。然而，"翰林大考无定期，或三、五年，或十余年一次"[2]。光绪二十年甲午（1894）大考，徐世昌恰逢其时，可惜的是，他"未列上考，不得记名，遂思以知府截取，分发河南，未及行，适袁世凯于光绪二十一年乙未（1895）十月奉诏治军小站，号新建陆军，奏调世昌会办参谋营务处，此为徐氏与北洋军系发生关系之始，而一生功名事业，亦即从兹发轫"[3]。

袁世凯既已走马上任，便向徐世昌发出了邀请，他的《与徐菊人书》写得非常诚恳："老哥困居翰院，将届十年，虽则得过试差，门墙桃李，遍植九州，而欲望循序升职，限于前辈之当先，缺少人多，擢升之期遥遥无望，不如改弦更张，屈就武职，别图异路功名较为迅速也。弟之练兵处，月饷约十万左右，需人佐理，拟奏调老哥为练兵处提调，兼任饷糈事宜。虽属大材小用，而建功列保，却较在翰院中容易

---

[1] 崇彝：《道咸以来朝野杂记》，北京古籍出版社1982年1月版，107页。
[2] 崇彝：《道咸以来朝野杂记》，北京古籍出版社1982年1月版，107页。
[3] 沈云龙口述：《徐世昌评传》，中国大百科全书出版社2013年1月版，3页。

十倍也。"[1]这是袁世凯的经验之谈,也是肺腑之言。想当年,他刚来京城,叔父袁保恒力劝他以科举求功名,但他自认为"天分不足,素性顽钝,不好读书",如果"以文章猎取功名,只恐画饼难以充饥耳"[2]。他更感兴趣的是"异路功名,苟遇机会,一二年竟可飞黄腾达,因此热中不减"[3]。于是,他"舍恒叔而托菊人纳捐,并承菊人推解,托张公佩纶转荐于直督李爵帅幕下"[4]。张佩纶是李鸿章的女婿,袁世凯经他推荐很快赴津参谒李鸿章,并被委任为机要科二等文牍员。但他既"以一领青衿入仕途,必为人所轻视"[5],不得已借口母亲病危,离开了督署。但他不久又经叔父介绍,拜在淮军将领吴长庆的门下。光绪八年壬午(1882),朝鲜内乱,吴长庆作为钦差大臣率兵前往平乱,并保举袁世凯为营务处总办。

对于袁世凯的邀请,徐世昌并未拒绝。尽管时人对翰林总是另眼相看,并以点翰林为仕官捷径,但他在翰林院毕竟已近十年,光绪二十年甲午(1894)翰林大考,又未有所获,在这里继续忍下去,殊不易也,不如答应袁世凯,未必不是一条出路。不过,据王伯恭(锡鬯)《蜷庐随笔》所言,清朝定例,"翰林院编修须满六年资格,方可迁转。此六年中,一

---

[1] 袁世凯:《尺素江湖:袁世凯家书》,九州出版社2013年9月版,105页。
[2] 袁世凯:《尺素江湖:袁世凯家书》,九州出版社2013年9月版,1页。
[3] 袁世凯:《尺素江湖:袁世凯家书》,九州出版社2013年9月版,20页。
[4] 袁世凯:《尺素江湖:袁世凯家书》,九州出版社2013年9月版,21页。
[5] 袁世凯:《尺素江湖:袁世凯家书》,九州出版社2013年9月版,31页。

日不得间断，若有事出京，亦须回时按日补足"。徐世昌应邀参与小站练兵时，他的编修资格尚不满六年，王伯恭还请王夔石（文韶）制军为他求情，希望免扣资格。但"奉旨：'徐世昌准其在营效力，所请免扣资格之处，著无庸议。'于是徐君仍回原衙门行走，但受小站营务处虚衔，月支数百元薪俸而已"[1]。

这是徐世昌最初接受新建陆军参谋营务处总办一职时的情形，这个职位相当于今天的参谋长。徐世昌固然不懂军事，但他的稳重、练达和人脉关系，常常可以帮助袁世凯渡过危机。事实上，徐居袁幕，分虽属僚，实为客卿，且二人交谊非比寻常，袁视徐为兄长，虽非言听计从，却能遇事请教，彼此一刚一柔，总能收相济相扶之效。据陈夔龙《梦蕉亭杂记》记载，新建陆军成立只有数月，津门官绅已啧有烦言，"谓袁君办事操切，嗜杀擅权，不受北洋大臣节制。高阳虽不护前，因系原保，不能自歧其说。乃讽同乡胡侍御景桂，摭拾多款参奏。奉旨命荣文忠公禄驰往查办。文忠时官兵尚（兵部尚书），约余同行。甫抵天津，直督王文勤公文韶传令，淮练各军排队远迓，旌旂一色鲜明，颇有马鸣风萧气象。在津查办机器局某道参案毕，文忠驰往小站。该军仅七千人，勇丁身量一律四尺以上，整肃精壮，专练德国操。马队五营，

---

[1] 王伯恭、江庸：《蜷庐随笔·趋庭随笔》，山西古籍出版社、山西教育出版社1999年9月版，98—99页。

各按方辨色，较之淮练各营，壁垒一新。文忠默识之。谓余曰：君观新军与旧军比较何如？余谓素不知兵，何能妄参末议。但观表面，旧军诚不免暮气。新军参用西法，生面独开。文忠曰：君言是也。此人必须保全以策后效。迨参款查竣，即以擅杀营门外卖菜佣一条，已干严谴。其余各条，亦有轻重出入。余拟复奏稿，请下部议。文忠谓：一经部议，至轻亦应撤差。此军甫经成立，难易生手，不如乞恩姑从宽议，仍严饬认真操练，以励将来。复奏上，奉旨俞允"[1]。

这一段清代官场故事，颇能说明荣禄对袁世凯的一番苦心，也可以想象徐世昌在其中所起的作用。陈夔龙与徐世昌为丙戌会试同年，这种关系在官场上是十分重要的。光绪二十四年戊戌（1898），徐世昌在小站练兵已近三载，这一年的三月、闰三月，他曾回到河南辉县百泉之水竹村，祭祖修坟，安葬慈母。他幼年丧父，家道中落，全赖母亲支持门户，将他与弟弟抚育成人，故他对母亲感情极深。在三月十三日的日记中他写道："未刻到卫，住朝阳寺。叩别先慈灵椿荏苒一年，回忆昔年远行归来瞻依膝下。今则四方多难，不见我母，灵前哭拜，痛切肌骨。"思母之情溢于言表。接下来的日子里，他选地、造坟、栽树、立碑，直到廿九日"慈灵安葬"，这一天的日记具体写到安葬时的情形："遵用祖茔乙山

---

[1] 陈夔龙：《梦蕉亭杂记》卷二，荣孟源、章伯锋主编：《近代稗海》第一辑，四川人民出版社1985年8月版，373页。

辛向丁卯丁酉分金元六度，下志石圹（音矿）前二、三尺，居先君子、先慈两圹之间。不见慈颜已年余矣，从此，宅兆永安，长此终古。伏地哀痛，悲风悽恻。封墓，哭拜敬礼。"

除了河南之行，这一年里，他很少离开小站，有时为了会客、办公务，要去天津、保定，也是快去快回。从他的日记中我们发现，几乎每天他在营中活动，或操练军队，或查看防务，或与各营将官谈话，或处理各种公务文案，常常是"夜深始眠"，更有甚者，二更、三更还要出营查哨，至"天将明始眠"。徐世昌是个尽职尽责的人，他这时是住在营里的，事无巨细，随时都会有人找他拿主意。一来他受到袁世凯的高度信任与尊重，言听计从，尊为兄长；二来他是翰林出身，将领对他特别尊重，皆尊他为师。他一边主持各营操练，一边自学军事及英语，编写了《新建陆军兵略存录》，以此统筹全军训练及教育，成绩卓著，声望很高，从而奠定了他在北洋军队中仅次于袁世凯的地位，真正达到了"以文修武、以军功进身"之目的。小站练兵，是中国军队走向近代化的开始，袁、徐二人皆有贡献，而徐世昌最先提出比较完整的近代化军事理论，制定了中西结合的军制、法典、军规、条令及战略战术原则，贡献尤为显著。

这一年，中国所面临的局势已非常紧张。春二月，德国强占胶州湾并获得山东的修铁路和开矿权；三月，俄国强占旅顺、大连湾及中东、南满铁路；夏四月，英国租借威海卫和香港九龙及长江流域的权利；法国则要求租借广州湾及广东、广西和云南的权利；日本要求福建的权利；意大利也不甘落后，要求租借浙江的三门湾。结果，除意大利的要求被拒绝外，其他国家的要求清廷都答应了。这就是所谓瓜分之祸，其祸根就在于甲午中日战争中国打了败仗，以及光绪二十二年丙申（1896）李鸿章与俄国签订的《中俄密约》，正所谓"列强竞逐之心无时或已，相逼而来如环无端。究其原因，皆甲午一役厉之阶也"[1]。徐世昌、袁世凯对这种危机四伏的局面是有切身体会的，他们私下里常常流露出一些不安和忧虑。二月初，徐世昌在日记中记下了俄国人的嚣张气焰："俄人欲令自其交界至北京、天津所有练兵处所皆用其国人教练而尽驱他国之教习。聂功庭军门（士成）所约该国沃参将复不归功庭节制，其后该国有派来中国教兵者皆照此例，其欲收我北方之兵权悍鸷甚矣。"俄国人的这个举动，或将威胁到他与袁世凯在小站训练的新军，尤其他们聘请的洋教习，主要是德国人。二月十六日，他先在日记中提到了"闻皇上以时局危迫临朝痛哭"，然后又记，得到胶州电报："俄兵舰掠德巡船一只去，德人尽弃其资粮，水师尽登船，陆军固守青岛，不知将与俄有战事耶，抑两夷别有深谋耶？"同一天，"又闻日本尽收其商船入口，英借给现款二百五十万，或亦将

---

[1] 印鸾章编著：《清鉴纲目》，岳麓书社1987年6月版，673页。

有事于俄耶,未可知也。然皆大不利于我中国,使仍不放手为之,祸患之来曷其有极"。

时局至此,他们亦思有所改变。二月间,袁世凯去京城奔走,除了要求"添兵事、饷械(自造子弹)",更希望朝廷能有所作为。他在京城连续收到徐世昌四封来信,在复信中,袁世凯称其"高论极切时要,曾亦力言,但均在梦中,大概亦知其不可为而委为气数使然,绝不肯尽人以回天,无可望矣"。尽管我们不知道徐世昌在给袁世凯的信中发表了怎样的"高论",但从袁世凯的复信中,我们却不难猜测徐都说了些什么。袁世凯此番进京,是想拜见恭亲王奕䜣的,但"恭邸即病甚,不能见人",好在"各邸堂均见",总算不虚此行。袁告诉徐,在与各邸堂相见时,他"已切言必亡必分之道,必须大变法以图多保全数省各语,然均不能照办"。他不由得感慨:"惟大局直无法挽救,只好以极坏处设想也。"所谓极坏处,也就是准备与列强开战。于是他叮嘱徐世昌:"时局至此,战事断不可忘,请嘱各营加功操练。"[1]

由此可以看出,作为权力中枢之外的官僚精英,徐世昌、袁世凯对国家所遭遇的瓜分之祸是很敏感的,并希望朝廷尽快变法革新,以图保全。《翁文恭公日记》光绪二十四年

---

[1] 天津博物馆藏《袁世凯致徐世昌函》,中国社会科学院近代史研究所近代史资料编辑组:《近代史资料》1978年第2期,中华书局版,11—12页。

(1898)二月二十五日,生动记载了翁与袁的这次会面:"袁慰亭世凯来,深谈时局,慷慨自誓,意欲辞三千添募之兵,而以筹大局为亟。云须每省三四万兵。且以瓜分中国画报示我。"[1] 翁文恭公即翁同龢,时为军机大臣、户部尚书,而且是光绪皇帝的师傅,也即袁世凯所拜见的"各邸堂"之一邸。翁身为帝党领袖,他对变法维新持一种谨慎却也是支持的态度。但在他这种身份特殊的人看来,是否变法,如何变法,是朝廷应该考虑的事,自然不必对一个军人表明自己的态度。袁世凯对此不得要领,有一点"均在梦中""无可望""均不能照办"的感慨,也是很正常的。一筹莫展,无可奈何,是当时流行于官场的普遍情绪,即袁世凯在信中所说:"知其不可为而委为气数使然。"[2]

但袁世凯此行还是给京城的官僚、文人圈子留下了开明、进步、通洋务、主张变法维新的印象。康有为、梁启超等维新人士对袁氏来说并不陌生,光绪二十一年乙未(1895),康、梁在北京创办强学会,袁即参与其中,并捐款五百金。他还频繁出入于京城文人的各种饭局,与清流和维新人士拉关系,套近乎。徐世昌在这里起了穿针引线的作用。多年后,

---

[1] 天津博物馆藏《袁世凯致徐世昌函》,中国社会科学院近代史研究所近代史资料编辑组编:《近代史资料》1978年第2期,中华书局版,11—12页。
[2] 天津博物馆藏《袁世凯致徐世昌函》,中国社会科学院近代史研究所近代史资料编辑组编:《近代史资料》1978年第2期,中华书局版,11—12页。

袁世凯当了洪宪皇帝，康有为发电报请他退位，电文中有一段叙旧的话，还提到他们之间的友谊。他说："昔强学之会，饮酒高谈，坐以齿序，公呼吾为大哥，吾与公兄弟交也。今同会寥落，死亡殆尽，海外同志，惟吾与公及沈子培、徐菊人尚存，感旧欷歔，今诚不忍见公之危，而中国从公以灭亡也。"[1]

可见，康、梁等维新人士当初对袁氏是有些好感的。所以，康有为在变法的紧要关头，想要借助袁世凯的力量，一点也不奇怪。他指出："以将帅之中，袁世凯凤驻高丽，知外国事，讲变法，昔与同办强学会，知其人与董、聂一武夫迥异，拥兵权，可救上者，只此一人。而袁与荣禄密，虑其为荣禄用，不肯从也。先于六月，令徐仁禄毅甫游其幕与之狎，以观其情，袁倾向我甚至，谓吾为悲天悯人之心，经天纬地之才。使毅甫以词激之，谓：'我与卓如、芝栋、复生，屡奏荐于上，上言荣禄谓袁世凯跋扈不可大用，不知公何为与荣不洽？'袁恍然悟曰：'昔常熟欲增我兵，荣禄谓汉人不能任握大兵权。常熟曰，曾左亦汉人，何尝不能任大兵？然荣禄卒不肯增也。'毅甫归告，知袁为我所动，决策荐之，于是事急矣。"[2]

---

1 汤志钧编：《康有为政论集》下册，中华书局 1981 年 2 月版，941 页。
2 康有为撰，楼宇烈整理：《康南海自编年谱（外二种）》，中华书局 1992 年 9 月版，57—58 页。

这里所言，即七月十九日罢免礼部六堂官、二十日任命军机四章京之后，光绪与慈禧的关系已日趋紧张，至二十八日，光绪决意要开懋勤殿，设议政局，更遭到慈禧的反对、指责乃至警告，所以光绪帝才有"朕位且不能保"的担忧，以及"今朕问汝（杨锐）：可有何良策，俾旧法可以全变，将老谬昏庸之大臣尽行罢黜，而登进通达英勇之人，令其议政，使中国转危为安，化弱为强，而又不致有拂圣意"[1]的期待。康有为们担心光绪帝的安全，联想到不久将在天津举行的阅兵，深恐慈禧会借阅兵之机废掉光绪帝，遂决定孤注一掷，先下手为强，策动袁世凯"勤王"，以清君侧，其步骤为，先杀荣禄，然后分兵入京，一部围颐和园，一部入宫，保护光绪帝。

康有为们的应变计划是否得当且按下不表，但其预为军事上的安排，却早在六月初徐仁禄天津小站之行时就着手进行了。很显然，派徐仁禄去小站，拉拢袁世凯，是康党的重要政治举动。徐世昌在日记中逐日记载了徐仁禄在天津和小站的行踪。六月初七日，徐世昌赴天津，当为迎接从北京来的徐仁禄；初九日，与徐仁禄见面，并"约澄甫、仲明、徐艺郛（仁禄）、赵体仁偕玉弟同食，聚谈半日"；十二日，"起行回营。午后到小站，到慰廷（袁世凯）寓久谈，徐艺郛同

---

[1] 张耀南等著：《戊戌百日志》，戴逸主编，《戊戌百年沉思丛书》，北京燕山出版社 1998 年 8 月版，528 页。

来，留宿营中"；十三日，"与慰廷谈。午后沐浴，与艺郭谈"；十四日，"与艺郭、仲远畅谈一日，云台来"，仲远即言敦源，仲远是他的字，江苏常熟人，时在新军幕府，与徐世昌友善，其兄言謇博娶了徐仁禄的姐姐为妻；而云台即袁世凯长子袁克定，字云台；十五日晨起，"艺郭冒雨行"。徐仁禄在小站逗留四天，第一天就在徐世昌的陪同下到袁公馆"久谈"，第二、三两天又与徐世昌、言敦源谈，还有袁克定参加。

但与康有为多有交往的四品京堂王照却认定徐仁禄此行没有见到袁世凯，更没与袁世凯交谈过。大约三十年后他曾忆及此事，写道："后乃知往小站征袁同意者，为子静之侄义甫（子静即徐致靖，礼部侍郎，子静是其字。义甫，即徐仁录，又作仁禄，字义甫，也写作艺甫、毅甫、艺郭），到小站未得见袁之面，仅由其营务处某太史传话（某太史今之大伟人），所征得者模棱语耳。夫以死生成败关头，而敢应以模棱语，是操纵之术，已蓄于心矣。"[1]这里的某太史即徐世昌。他在送走徐仁禄之后，又到袁公馆久谈，所谈恐怕还是如何处理徐仁禄带来的康有为的建议。王照称徐仁禄未见到袁，恐非事实，但他指出袁和徐所说皆为"模棱语"，可谓真知袁与徐者，这恰恰是袁与徐的官场经验使然，也即他们的政治风格。

---

[1] 王照：《方家园杂咏纪事》，荣孟源、章伯锋主编：《近代稗海》第一辑，四川人民出版社1985年8月版，5页。

殊为可惜的是，康有为却轻易相信了徐仁禄的一番话："毅甫归告，知袁为我所动，决策荐之。"[1]于是，他们便根据徐仁禄对袁世凯的理解开始行动了，"先是为徐学士（徐致靖）草折荐袁，请召见加官优奖之，又交复生（谭嗣同）递密折，请抚袁以备不测"[2]。这可以看作是康有为政治经验的缺乏。以袁世凯和徐世昌的老谋深算，对付一个阅历甚浅的年轻人，岂不绰绰有余！而康有为竟未有丝毫的怀疑，只能说他太自负，太轻率了。七月初八日徐世昌收到的袁世凯寄自天津的信，其中或流露出他们真实的政治态度。徐世昌日记记载，七月初二日送袁世凯赴天津，十一日上灯后袁世凯自天津回到小站，其间初八日还给徐世昌写了一封信，其中谈到他赴天津的主要任务，是应荣禄之召，商办慈禧太后、光绪皇帝天津阅兵的准备工作。信中特别提到荣禄对他的态度，"相待甚好，可谓有知己之感"，又说，"亲缮面呈之件，大以为然，并甚感悦"。对于朝廷的改革和人事安排，他并不满意，"惟内廷政令甚蹧（糟）"，甚至对"今上病甚沉"这样的流言亦深信不疑，也可见其态度[3]。

---

[1] 康有为撰，楼宇烈整理：《康南海自编年谱（外二种）》，中华书局1992年9月版，58页。

[2] 康有为撰，楼宇烈整理：《康南海自编年谱（外二种）》，中华书局1992年9月版，58页。

[3] 天津博物馆藏《袁世凯致徐世昌函》，中国社会科学院近代史研究所近代史资料编辑组编：《近代史资料》1978年第2期，中华书局版，12—13页。

七月二十六日，即徐仁禄小站之行的一个月后，翰林院侍读学士、署礼部右侍郎徐致靖上奏"密保智勇忠诚统兵大员请破格特简折"，请求光绪皇帝亲自召见袁世凯，并委以疆吏或京堂之重任，使之独当一面，不再受荣禄辖制。光绪帝当日即发出电寄荣禄谕旨："着传知袁世凯，即行来京陛见。"[1] 袁世凯于七月二十三日赴天津，二十六日，荣禄向他传达电旨，他晚上即电话通知徐世昌，请他次日来天津，"晚慰廷自津来德律风（电话），约明日赴津"。第二天黎明，大雨倾盆，道路泥泞，徐世昌"乘车行三十余里，骑马行三十余里"，直到太阳偏西，才赶到天津，并且马上去见袁世凯。袁请他明日赶赴北京。二十八日，徐世昌按照袁世凯的安排，来到北京，就住在好友、藏书家徐坊（梧生）家中。

这些都出自徐世昌日记。他记得虽很简短，但非常明确。二十九日："慰亭到京，住清华寺（一说法华寺），往看。天晚，遂宿城内。"而白天，他与藏书家萧穆（敬孚）一起吃了早饭，见了杨锐（叔峤）、钱恂（钱念劬，音去），并与他们交谈，"又看数友"，则不知为何人。二十日，"出城到敬孚处早饭，到七叔祖宅久坐，又访数客"。八月朔日，"梧生约早饭，饭后到敬孚处，午后看数客"。此日袁世凯正在觐见，据他在《戊戌日记》中所记，觐见后"回轩少食就寝，忽有

---

[1] 张耀南等著：《戊戌百日志》，戴逸主编，《戊戌百年沉思丛书》，北京燕山出版社1998年8月版，464页。

苏拉来报,已以侍郎候补,并有军机处交片,奉旨令初五请训"。不久便有朋友前来祝贺,他则于"午后谒礼邸,不遇。谒刚相国,王、裕两尚书均晤"[1]。礼亲王世铎,以及刚毅、王文韶、裕禄三位军机大臣的府邸,都在西城、海淀一带,可知袁氏行踪是在北京的西北,而徐世昌则是在城南,他们先是分开行动的。至初二日,徐世昌来到城内,"住清华寺(一说法华寺)"。此日袁世凯也在"谢恩召见"之后回到法华寺,"惫甚酣睡,至晚食后(疑为复)睡"[2]。

面对一直酣睡的袁世凯,住在法华寺的徐世昌又能做什么呢?初三日,"出城,料理回津。晚又进城,闻有英船进口"。徐世昌是初四日乘坐火车离开北京的,"申刻到津",也就是下午3时至5时之间。前一天他晚间进城,从袁世凯那里听说了多艘英国兵舰集中大沽口的消息。也是在这天晚上,谭嗣同前往法华寺去见袁世凯。关于此次访问,袁氏的《戊戌日记》记载甚详,而徐世昌日记却未着一字,非故意隐去天大秘密没有更合理的解释。《康南海自编年谱》记下了徐世昌当日的行踪:"初三日早暾谷(暾音吞,林旭)持密诏来,跪诵(一作读)痛哭激昂。草密折谢恩并誓死救皇上,令暾

---

1 [清]苏继祖等:《清廷戊戌朝变记(外三种)》,广西师范大学出版社2008年10月版,65—66页。
2 [清]苏继祖等:《清廷戊戌朝变记(外三种)》,广西师范大学出版社2008年10月版,66页。

谷持还缴命,并奏报于初四日起程出京,并开用官报关防。二十九日交杨锐带出之密诏,杨锐震恐,不知所为计,亦至是日,由林暾谷交来,与复生跪读痛哭。乃召卓如及二徐、幼博来,经画救上之策。袁幕府徐菊人亦来,吾乃相与痛哭以感动之,徐菊人亦哭,于是大众痛哭不成声。乃属谭复生入袁世凯所寓,说袁勤王,率死士数百扶上登午门而杀荣禄,除旧党。"[1]

如果真如康有为所说,那么,初三日早晨徐世昌出城,很可能是去了城南的南海馆,参加了康党核心成员的这次聚会。1917年康有为致信徐世昌,还提到"追忆南海馆同读密诏之时,犹在目前也"。1922年康有为作诗亦忆及此事:"杨锐传来筹救谕,位不几保望诸臣。当时读诏泣涕下,南海馆内徐菊人。"[2] 这些或可作为徐世昌"同哭"的旁证,《徐世昌评传》的作者沈云龙因此称徐世昌为"卧底",他说:"世昌见康党诸公平素谈政治改革,议论不可一世,而至紧急关头,除痛哭外,别无善策,伎俩亦不过尔尔,于是也一掬同情之泪以报之。试问国家大事,又岂是痛哭所能解决?维新派之书生结习及坦率粗疏可知。故是日深夜,谭嗣同往说袁世凯

---

1 康有为撰,楼宇烈整理:《康南海自编年谱(外二种)》,中华书局1992年9月版,59页。
2 康有为:《遗稿·万木草堂诗集》,转引自茅海建:《从甲午到戊戌:康有为〈我史〉鉴注》,生活·读书·新知三联书店2009年5月版,756页。

勤王，袁熟计利害，何去何从，殆已获世昌回报而成竹在胸，其答谭诸语，均属事前准备敷衍之词。而左右袁之决心者，自以世昌蛛丝马迹之嫌疑最重。"[1]

就袁、徐二人的关系而言，徐既"旁听"了康有为所谓"经画救上之策"的密谋，则不能不将自己的见闻和感受说与袁世凯听，并与之商议应对之策。初五日晨，袁世凯请训，再次被光绪召见。他在《戊戌日记》中写道：

> 初五日请训，因奏曰："古今各国变法非易，非有内忧，即有外患，请忍耐待时，步步经理，如操之太急，必生流弊。且变法尤在得人，必须有真正明达时务老成持重如张之洞者，赞襄主持，方可仰答圣意；至新进诸臣，固不乏明达勇猛之士，但阅历太浅，办事不能慎密，倘有疏误，累及皇上，关系极重，总求十分留意，天下幸甚。臣受恩深重，不敢不冒死直陈"等语。上为动容，无答谕。请安，退下。即赴车站，候达、佑文观察同行。抵津，日已落，即诣院谒荣相，略述内情，并称皇上圣孝，实无他意，但有群小结党煽惑，谋危宗社，罪实在下，必须保全皇上以安天下。[2]

---

[1] 沈云龙口述：《徐世昌评传》，中国大百科全书出版社 2013 年 1 月版，15 页。
[2] [清] 苏继祖等：《清廷戊戌朝变记（外三种）》，广西师范大学出版社 2008 年 10 月版，71 页。

袁世凯的这一番话说得可谓天衣无缝，滴水不漏，难怪刚一退下，便"有某侍卫大臣拍其背曰：'好小子！'盖西后遣人诇之而以为立言得体也"[1]。张一麐是袁世凯的亲信，有传说，袁氏之《戊戌日记》便出自他的手笔，其中或有不实之言亦在所难免。总之我们可以认定的是，袁世凯曾将初三日晚谭嗣同来访的全部内容向荣禄和盘托出，特别是说出了围禁颐和园与请旨杀荣禄两件事，对整个事件的升级起到了关键性的作用。如果说初六日慈禧还仅仅是想"训政"的话，那么当荣禄将袁世凯所言向慈禧汇报之后，戊戌政变很快就演变成了一场残酷而又血腥的政治清洗。但袁世凯的告密绝非戊戌政变的唯一原因，它有一个酝酿发酵的过程，非一朝一夕之故。其中帝后两党的权力之争起主导作用，慈禧固然并无仇视新法之意，但她或许在意由谁来确立新法，以及谁来任命推行新法的人。慈禧"训政"后教训光绪"任意妄为"主要是两条，一是"背祖宗而行康法"，二是不用她"多年历选，留以辅汝"之臣，而重用康有为。所以她质问光绪："何物康有为，能胜于我选用之人？"[2] 实际上，七月十九日，礼部六堂官怀塔布等因阻抑王照封奏，同时被革职；并将杨锐、刘光第、林旭、谭嗣同分别加四品卿衔，着军机章京上行走；又有决心开懋勤殿，设顾问官，以议新政之举，并推举康有

---

[1] 张一麐：《古红梅阁笔记》，上海书店出版社1998年3月版，29页。
[2] ［清］苏继祖：《清廷戊戌朝变记》，［清］苏继祖等：《清廷戊戌朝变记（外三种）》，广西师范大学出版社2008年10月版，26—27页。

为、梁启超等十人（名单有多个版本）为顾问官；八月初一日又召见袁世凯并超擢以侍郎候补。这些举动都引起了慈禧的疑忌，荣禄等后党官僚亦深感不安，所以才有调聂士成军守天津，并调董福祥军秘密开赴北京的安排，以备不测。而后党的压力和威胁，又刺激了光绪，故有"朕位且不能保"之叹，希望新进诸臣能找到一种"良策"，在不致有负圣意的前提下，尽黜老谬昏庸之大臣，登用英勇通达之人，借以达到转危为安，化弱为强的目的。可惜这些新进诸臣政治经验不足，又感情用事，盲目急进，竟筹商出诛荣禄、围颐和园之议。总之，多种力量汇聚融合，终于导致了矛盾的总爆发，从而引爆了这场戊戌政变。

戊戌政变是清末政局的一次大变动，其影响力渗透到晚清的整个政治改革进程，也改变了很多人的命运，其中谭嗣同、杨深秀、林旭、杨锐、刘光第、康广仁于政变发生后的第七天，即八月十三日，在未经审讯的情况下，便以"大逆不道"的罪名被斩首于北京菜市口，给历史留下了血腥的一幕。至于袁世凯，据陈夔龙《梦蕉亭杂记》所记："慈圣（慈禧）以袁君存心叵测，欲置之重典。文忠（荣禄）仍以才可用。凡作乱犯上之事，诿之党人，并以身家保之。袁仍（疑为乃）得安其位。慈圣意不能释，姑令来京召见。袁最机警，诣事东朝（慈禧）。前事不惮，悉诿之主坐（指光绪）。而宫闹之地，母子之间，遂从此多故矣。"[1]徐世昌日记没有记下袁世凯的这次北京之行，但在八月初十日的日记中，他留下了一笔："德律风传慰廷代理北洋大臣。"

---

[1] 陈夔龙：《梦蕉亭杂记》，荣孟源、章伯锋主编：《近代稗海》第一辑，四川人民出版社 1985 年 8 月版，374 页。

清廷末日中的徐世昌

简略是徐世昌日记的突出特点。

他记日记简到极致，

常常只有两三个字，

无非是入直、会客、拜访、宴饮、读书、公务等项目，

简约之外是省略，

很多很重要的事只字不提，略而不记，

仿佛不曾发生一样。

清宣统三年，岁次辛亥（1911），清王朝已呈风雨飘摇之势，梁启超就曾预言，如果清政府再不改弦更张，将来世界字典上绝不会出现"宣统五年"这样的名词。但清政府似乎并不在意。初尝权力禁果的少年权贵，想的仍是如何把更多的权力集中到自己手中。此时的晚清政局，自光绪、慈禧先后离世，载沣以帝父之名摄政，操持国柄，逐渐养成亲贵争权之势。其间各派又分列门户，相互倾轧，争斗不已。第一个想抓权的就是摄政王载沣。他从德国皇室那里学到一条，一定要把军队抓在皇室手里。他的做法是派兄弟载洵担任筹办海军大臣，另一个兄弟载涛为训练禁卫军大臣，负责组建皇家军队，并兼管军咨处（相当于日本的参谋本部），他本人则代替皇帝做了大元帅。他们首先瞩目的，是袁世凯等汉人的军权。袁世凯被开缺后，又借立宪、维新之名，变更各省督练公所章程，设军事参议官，并由军咨处荐任，镇、协、统皆得专折谢恩，自是渐夺督抚军权，入于军咨处之手。另一个出来争权的载字辈，是隆裕太后的妹夫，镇国公载泽，他的方法是从财政入手。作为度支部大臣，其势冠于亲贵，即使载沣，有时也要让他三分。所以有人戏言，外国司法独立，中国则财政独立。载泽的目标是奕劻。奕劻在慈禧死前是领衔军机大臣，慈禧死后，清廷改革内阁官制，他又当上了内阁总理大臣，这是载泽最不能接受的。溥仪在《我的前半生》中提到载泽的时候说："醇王府的人经常可以听见他和摄政王嚷：'老大哥这是为你打算，再不听我老大哥的，老庆就把大清断送啦！'"[1] 载泽固不肯接受袁世凯，慈禧、光绪离世后，他是主张杀袁世凯的。由于张之洞极力反对，袁世凯得以回家去养"足疾"，躲过一劫。

徐世昌属于袁党，这是没有疑问的。宣统元年（1909）四月，他从东北回到北京，以东三省总督改任邮传部尚书。他走动比较勤的亲贵中，有载洵、载涛、奕劻、那桐，这些人都把他视为奇才，称赞他的贤能。载泽对他虽无好感，但碍于洵、涛、劻、桐的势力，并不能有所作为。宣统二年（1910）正月十三日，协办大学士、军机大臣戴鸿慈（少怀）病逝出缺，清政府即于十八日下诏，以徐世昌为协办大学士。到了这一年的七月十三日，大学士世续被开去军机大臣，专办内阁事务，而以徐世昌为军机大臣。又过了月余，即八月二十五日，更擢为体仁阁大学士。《徐世昌评传》的作者沈云龙说："是亲贵固在刻意笼络世昌，世昌亦未尝不随时运用亲贵，其工于肆应，巧于迎合，貌为唯诺，心有城府，玩诸少年贵胄于掌上而不觉，故虽属袁党，仍能立于不败之地，实官僚政治中之别具典型者。矧大学士有相之位，军机大臣有相之权，是世昌各实均为宰辅矣。然终以与洵、涛、劻、桐为亲，引起载泽之嫉视，且以邮传部之故，党争亦日烈。"[2] 后邮传部人事变动，先以唐绍仪接替徐世昌，目的就是要保持

---

1 爱新觉罗·溥仪：《我的前半生》，同心出版社2007年9月版，22页。
2 沈云龙口述：《徐世昌评传》，中国大百科全书出版社2013年1月版，149页。

这一派的利益，同时，为了敷衍载泽，载沣复召盛宣怀入京。但载泽采取不合作主义，凡邮传部有事需要与度支部协商的，都暗地里加以阻挠。无奈之下，唐绍仪于这一年岁末称病解职，清政府宣布盛宣怀继任邮传部尚书。此后盛宣怀提出铁路国有政策，在民众中激起轩然大波，最终导致清王朝垮台。而这一切，起初不过基于派系争夺路权之私见。

徐世昌是个恭谨守礼、勤勉老成之人，读他的日记，很能体会到这一点。宣统三年（1911）正月元旦（旧历新年，今所称春节），他在日记中写道："未明起，大雪。敬神。入直，到甚早，秉烛独坐军机处，作诗一首。辰正后随庆邸同僚四人在西右门内见摄政王，巳初召见。巳初一刻散，同琴轩到摄政王府暨庆邸各处拜年。"看来，军机大臣并不是个省心省事的差事，过年仍不得闲，每天天不亮就要到宫里"入直"。元旦这一天，雪下得很大，同为袁党重要成员的汪荣宝也在当天的日记里记下了下雪的情景，他的记述比徐世昌多了些细节，他绘声绘色地写道："大雪弥漫，平地积尺许。"徐世昌在这种天气中又要"入直"，又要各处拜年，但他写得很简略，关于雪，他只写了"大雪"两个字。

简略是徐世昌日记的突出特点。他记日记简到极致，常常只有两三个字，无非是入直、会客、拜访、宴饮、读书、公务等项目，简约之外是省略，很多很重要的事却只字不提，略而不记，仿佛不曾发生一样。比如资政院与军机处的矛盾，发展到宣统三年（1911）已不可调和，不过，日记中却看不到只言片语或蛛丝马迹；三月二十九日，革命党人在广州发动起义，震动天下，清廷亦知非改弦易辙不足以缓和民怨，但徐的日记中依然只字未记。四月初十，清政府颁布新《内阁官制》和《内阁办事暂行章程》，实行责任内阁制，并将旧内阁、军机处、会议政务处一律裁撤，授奕劻为内阁总理大臣，那桐、徐世昌为内阁协理大臣，而以梁敦彦为外务大臣、善耆为民政大臣、载泽为度支大臣、唐景崇为学务大臣、荫昌为陆军大臣、载洵为海军大臣、绍昌为司法大臣、溥伦为农工商大臣、盛宣怀为邮传大臣、寿耆为理藩大臣。

这就是著名的"皇族内阁"。其中汉人仅得四席，蒙古旗人一席，满人则占八席，其中皇族独占五席。徐世昌名列汉人之首，可见清廷对他的重视。但他尤不敢乐观，以为"时艰任重"，当天就随奕劻、那桐一起递交了辞折，奏请朝廷收回成命，而清廷则于翌日"温谕慰留"。警民所著《徐世昌》一书提到，徐世昌在递交辞折之前，曾把希望起用袁世凯的想法告诉那桐："辛亥四月，除授奕劻为总理大臣，那桐、世昌为协理大臣。世昌告桐曰：'此席予居不称，唯慰廷才足胜任，而以朋党嫌疑，不便论列，奈何？'桐曰：'是何难，我言之可耳！'乃具疏以疎庸辞职，荐世凯、端方自代。当世凯罢后，有称颂其人者，载沣皆严斥之，其时褫逐之赵秉钧、陈壁，胥袁党也。自世昌再赞密勿，世凯谋起用甚力，亲贵咸赖为疏通，至是桐疏虽未报可，而亦不加以申斥。"[1]

读一读那桐原奏，就能发现上述内容并非空穴来风，他的辞折中确有举荐袁世凯以自代的内容："查有开缺军机大臣尚书臣袁世凯，智勇深沉，谋猷闳远，罢归田里，以疾去官，现已积有岁时，当早医调就愈。又查有已革总督臣端方，才略优长，器识开敏，曩者因事获谴，固属咎有难辞，但以一眚之愆，废弃终觉可惜。此两臣者，皆尝为国宣力，著有劳勋，其才具固胜臣十倍，其誉望亦众口交推，合无仰恳圣恩悉予起用，必足以赞襄胜治，干济时艰。"[2] 那桐的这番话虽然拉端方为陪衬，但重点在袁世凯。实际上，徐世昌在辞折中也婉转地表达了自己的意愿，他说："尤愿我皇上破除常格，擢用扶危济变之才，以收转弱为强之效。"[3]

这是徐世昌第一次策动那桐出面保举袁世凯，可见他与袁世凯的交情绝非泛泛。但在日记中他对袁世凯或其家人却几乎不置一词，只有一次例外。闰六月十九日，他在日记中写道："留姜翰青、袁云台晚饭，久谈。"这个袁云台，就是袁世凯的长子袁克定，时任农工商部右参议。他们"久谈"

---

1 沈云龙口述：《徐世昌评传》，中国大百科全书出版社2013年1月版，158—159页。
2 沈云龙口述：《徐世昌评传》，中国大百科全书出版社2013年1月版，159页。
3 沈云龙口述：《徐世昌评传》，中国大百科全书出版社2013年1月版，160页。

都谈了些什么，我们已无从了解，但至少说明，徐世昌与袁世凯之间自有办法沟通，袁克定只是其中一条管道而已。多年后溥仪依然认定，身居内阁协办大臣的徐世昌向避居彰德的袁世凯提供情报。尽管如此，袁世凯获得情报的途径也绝非徐世昌一人。不一样的是，徐世昌能做的，换了别人却未必做得到。内阁阁丞华世奎曾向其同僚内阁统计局副局长张国淦谈到起用袁世凯的内幕：

> 八月十九日，武昌新军起事。二十一日，命荫昌督师赴鄂剿办。二十三日，起用袁世凯为湖广总督，督办剿抚事宜，相距仅二日。荫昌督师，在当时已有点勉强。荫虽是德国陆军学生，未曾经过战役，受命后编调军队，颇觉运调为难。其实此项军队，均是北洋旧部，人人心目中只知有"我们袁宫保"。庆（王）、那（桐）、徐（世昌）等素党袁，武昌事起，举国皇皇，庆等已连日私电致袁，并派员至彰德秘密商议大计，信使络绎。他们本无应变之才，都认为非袁不能平定，且是袁出山一绝好机会。乃于二十三日，由奕（劻）提议起用袁，那、徐附和之。摄政（王）不语片刻，庆（奕劻）言："此种非常局面，本人年老，绝对不能承当。袁有气魄，北洋军队，都是他一手编练，若令其赴鄂剿办，必操胜算，否则畏葸迁延，不堪设想。且东交民巷亦盛传非袁不能收拾，故本人如此主张。"泽公（载泽）初颇反对，鉴于大

势如此，后亦不甚坚持。摄政（王）言："你能担保没有别的问题吗？"庆（奕劻）言："这个不消说。"摄政（王）蹙眉言："你们既这样主张，姑且照你们的办。"又对庆（奕劻）等说："但是你们不能卸责。"于是发表袁湖广总督。在庆、袁秘密接洽时，袁曾言非纯全用兵力所能戡定，当一面主剿，一面主抚，故二十三日有督办剿抚事宜之谕。二十八日有宣布德意妥为抚辑之谕。九月初六日，召荫昌还，授袁钦差大臣，节制诸军。同日，袁电奏起程日期，到汉五日，十一日即授内阁总理大臣。自此军政大权，全操诸袁一人之手矣。[1]

这是非常生动、具体的一段记载。多年后，溥仪在《我的前半生》中对这个场景的记述似乎可以与张国淦的说法互相印证，他写道：

后来武昌起义的风暴袭来了，前去讨伐的清军，在满族陆军大臣荫昌的统率下，作战不利，告急文书纷纷飞来。袁世凯的"军师"徐世昌看出了时机已至，就运动奕劻、那桐几个军机一齐向摄政王保举袁世凯。这回摄政王自己拿主意了，向"愿以身家性命"为袁做担保的那桐发了脾气，严肃地申斥了一顿。但他忘了那桐既

---

[1] 张国淦：《辛亥革命史料》，转引自沈云龙口述：《徐世昌评传》，中国大百科全书出版社2013年1月版，169页。

然敢出头保袁世凯，必然有恃无恐。摄政王发完了威风，那桐便告老辞职，奕劻不上朝应班，前线紧急军情电报一封接一封送到摄政王面前，摄政王没了主意，只好赶紧赏那桐"乘坐二人肩舆"，挽请奕劻"体念时艰"，最后乖乖地签发了谕旨：授袁世凯钦差大臣节制各军。[1]

有一种流传甚广的说法，认为袁世凯奉诏后，以"足疾未痊"为理由，要挟清廷，迟迟不肯赴任，清廷遂遣徐世昌于八月二十九日微服出京，赴彰德，敦促袁世凯尽快就道。袁即提出明年召开国会、组织责任内阁、宽容参与此次事变的人、解除党禁、须委以指挥水陆各军及关于军队编制的全权、须予以十分充足的军费等六个条件，非清廷悉行允诺，绝不出山。徐世昌返京转达，清廷一一允其所请，才有后来召还荫昌，授袁钦差大臣，节制诸军，负责湖北剿抚之事。

现在看来，这个情节很有可能是向壁虚构得来的。首先，徐世昌微服出京赴彰德劝说袁世凯出山这件事，至今未见第一手材料记载。按诸《徐世昌日记》八月二十九日、三十日所记，均未有一字提及此事。或谓徐世昌故意隐瞒了彰德之行，但要为他的故意隐瞒设想一个合情合理的理由，却并不容易。起用袁世凯为湖广总督的上谕发表后，第二天，他给

---

[1] 爱新觉罗·溥仪：《我的前半生》，同心出版社2007年9月版，22页。

徐世昌写过一封信,其中提到徐世昌曾经给他发过电报,这恐怕便是张国淦提到的"私电致袁"。徐在电报中"勉弟以释前嫌,明大义,速行应召出山,仔肩大任,础国家于磐石之安,登斯民于衽席之上,功在社稷,百世流芳,像画凌烟,万民诵德"。而袁世凯则回复他:"弟归田日久,自量能力不足以统辅各军,自知德鲜不足以削平内乱,知其不可为而为之,是为不智,何苦以垂老之身而作此误国、误民、误身之事而受万人之嘲骂耶!"他希望徐世昌看在三十年交情的份上,"善为我辞,请朝廷收回成命,另简贤能"[1]。

在这里,袁世凯所说未必都是心里话,但也不全是假话。他的确看到了此次叛乱与以往的不同,就在于"纪律严明,宗旨正大,外人与教民之生命财产实力保护,较之拳匪发捻等野蛮行为,几有霄壤之判"[2]。所以,单纯以军事力量不足以平定此次叛乱,而且,仅仅以一个"湖广总督"的身份,也未必能让他有所作为,故有"知其不可为而为之,是为不智"之叹。就此而言,他向清廷要条件也在情理之中。不过,他提出的要求不是六项,而是八项,此事见于八月二十七日他写给张镇芳的复信。张是袁的表兄弟,也是袁在政治上的亲信,二十五日,他致信袁世凯,建议袁抓住时机,应召出山。虽然距袁给徐世昌写信只有三天,但此时的袁世凯已经作出

---

[1] 袁世凯:《尺素江湖:袁世凯家书》,九州出版社2013年9月版,194—195页。
[2] 袁世凯:《尺素江湖:袁世凯家书》,九州出版社2013年9月版,194—195页。

决定，准备接受清廷的召唤，于是才有了对奕劻恳求"断不能辞"和"力疾一行"的态度转变。他在信中告诉张镇芳，他不仅已经"具折谢恩"，而且"开具节略八条"，主要内容为："拟就直隶续备、后备军调集万余人，编练二十四五营，带往湖北，以备剿抚之用。又拟请度支部先筹拨三四百万金备作军饷及各项急需。并请军咨府、陆军部不可绳以文法，遥为牵制。"[1] 他将这个"节略八条"交给时任邮传部副大臣的阮忠枢（字斗瞻），请他带到北京面呈奕劻、那桐和徐世昌。应当承认，他在这里所要求的，包括兵源、军饷和独立指挥权，都是一个将赴战场的军事将领所必需的。所以，清廷接受他的"八条"，也没有太大的阻碍。

遗憾的是，袁世凯在信中提到的这个"节略八条"，至今未见公私收藏的单独文本公布。然而，"八条"之外，是否还有个"六条"呢？应当没有这个可能。就"六条"的内容来看，武昌起义之初，清廷的诉求主要在军事方面，即剿抚，并未涉及解决政治的问题，也还谈不上开国会，组织责任内阁和解除党禁之类的措施。从袁世凯的角度说，他未必不了解以宪政为核心的政治变革是解决当时政治危机的根本出路，但以他的智慧，在刚刚起复的时候，他未必会这样做。九月初三日，天津《大公报》有一则报道，将袁世凯此时的心态

---

[1] 袁世凯著，骆宝善评点：《骆宝善评点袁世凯函牍》，岳麓书社2005年8月版，315页。

分析得相当准确，作者写道："项城（袁世凯）曾私向人云，此次之乱，若但向皮毛上求治，未尝不能奏效，但为国之道，其根本所在，贵能实行立宪。实行立宪，即当建设责任内阁，化除满汉畛域。某所持之政见如此。但此刻军务吃紧，又不便行奏陈，贻人口实，似乎藉此要挟，且邻于推卸，此则某所不敢当者也。"[1]

实际上，自武昌新军起事，徐世昌就不轻松。作为内阁成员、协理大臣，他不能不为此承担责任，而且逃无可逃。原因就在于，铁路国有政策之颁行，由于未能先交资政院妥议，已经违反了责任内阁制的程序，犯规在先，而在实际操作中又激生变乱，引发不良后果。所以，在授袁世凯为钦差大臣的前一天，清廷下诏将邮传部大臣盛宣怀革职，永不叙用。而内阁总理大臣奕劻、协理大臣那桐、徐世昌，于盛宣怀蒙混具奏时，率行署名，亦有不合，着交该衙门议处。十一日，皇族内阁宣布集体辞职，并提名袁世凯为内阁总理大臣。十九日，资政院批准袁世凯为内阁总理大臣，二十三日，袁世凯入京组阁。这一天，徐世昌在日记中写道："慰亭（袁世凯）到京，访谈良久。"此后几天，日记中均见他与袁世凯久别重逢的频繁交往，可见期待已久。

---

[1] 转引自袁世凯著，骆宝善评点：《骆宝善评点袁世凯函牍》，岳麓书社2005年8月版，319页。

这时的徐世昌,已被清廷改授为军咨大臣,取代载涛之地位。所有近畿各镇及各路军队则交给袁世凯节制调遣,随时会商军咨大臣办理。至此,少年亲贵煞费苦心从袁世凯手中夺得之军权,一举而归诸袁世凯及北洋军系掌握。此后,徐世昌"专办军咨府事",并参与袁世凯组阁。军咨府纯系满兵,饷优械利皆在北洋及各省新军之上,专司拱卫京师之责。载涛虽然已卸军咨府职,名义上仍统辖禁卫军。袁世凯遂令其率禁卫军南征武汉。载涛畏怯,乃自请添派禁卫军训练大臣。十月十二日,袁世凯即奏派徐世昌专司训练,以收禁卫军之权。载沣知道这是袁世凯在施加压力,遂于十六日向隆裕太后面奏,请退监国摄政王之位,自归藩邸,不再预政。隆裕准其所奏,发布懿旨,并称"嗣后用人行政,均责成内阁总理大臣,各国务大臣担承责任"。从私人角度说,这是袁世凯逼退载沣,而从政治上说,却是代表宪政的内阁战胜君主。总之,皇帝、皇室尽失其屏障而处于风雨飘摇之中,故此,隆裕在此诏中特别授予世续、徐世昌为太保,以"保卫圣躬"为职责。这一举动实寓有"托孤"意味。徐世昌自觉"无任惶悚",第二天即"具疏恳辞",然而清廷不准,谓"该大学士宅心正大,老成可恃,是以授为太保,正当抒发忠爱,不辞劳瘁,所请收回成命之处,应无庸议"[1]。

---

[1] 见《内阁官报》,转引自沈云龙口述:《徐世昌评传》,中国大百科全书出版社2013年1月版,182—183页。

有人说，载沣退居藩邸之诏书即由徐世昌草拟。他的确也很忠于职守，几乎每天到毓庆宫伺候。这是宣统帝每日随英文老师庄士敦读书的地方，他在这里并无具体事情可做，但仍表现得十分恭敬。殊不知他与袁世凯的关系，绝非常人可以想象，更不足为皇室这些糊涂虫可知。他们希望徐世昌"抒发忠爱"，实在是看错了人。清朝、民国递嬗之际，徐世昌或碍于身份，公开场合总是给人一种唯唯诺诺、无所表现的印象，但实际上，凡遇重大问题，袁世凯必向他征求意见。袁世凯在攻克汉口、汉阳后，态度发生急遽转变，由剿而抚，由抚而和，此中奥妙似乎只有徐世昌才能说得清楚。而南北和谈，议定召开国民大会，将共和立宪付诸公决，以解决国体问题已成为当务之急。袁世凯觉得此事很难向宫廷和顽固亲贵开口，乃请徐世昌先行密陈庆亲王奕劻，得到他的首肯后，再到庆王府商议，可见徐世昌居中协调的重要作用。十二月二十五日，清廷宣布宣统帝退位诏书，命袁世凯全权组织临时共和政府，与民军协商统一办法。诏书虽系张謇起草，但发表之前，据说袁世凯左右增加了"授彼全权"一语。这段话表明了袁氏政权的合法性来自清廷，非得之于民军，为南方政府万一不履行推袁任总统的承诺留一伏笔。有人认为这一笔非徐世昌不可为：

> 彼虽位居清室太保及大学士，而于世凯为患难兄弟之交，祸福与共，自袁入京，凡事咨商，徐以避人耳目

之故，退藏于密，形迹不甚显露，事后复效金人之缄口，致有关记载之资料绝鲜。然前云载沣退归藩邸之诏书，既由世昌所手草，则此一关系重大之逊位诏稿，宁不经其事先寓目，为之增改，恰如分际？乃至插入诸语，纯为世凯个人前途利害设想，自更得其参酌意见而后可，似此老谋深算，棋争一着，亦非久历仕途夙具政治经验者莫办，是所谓"某巨公"，舍世昌其谁欤？况"袁左右"之参与高度机密者，又孰能与世昌抗衡耶？此种推论，容或不免于"大胆的假设"，试一究之事实，则颇相近也。[1]

---

[1] 沈云龙口述：《徐世昌评传》，中国大百科全书出版社2013年1月版，216页。

严复列名筹安会别议

在筹安会的六个人中,

严复的态度最微妙,

也最有意味。

从现在可以看到的史料中不难判断,

严复列名筹安会是被迫的,

并非他的本意。

袁世凯称帝是发生在民国初年的一件大事，也是一件奇事。按说，袁大总统屁股下的位子已然坐得稳稳的，何以忽然心血来潮，还想要做皇帝呢？原因有主观的层面，也有客观的层面。主观上，袁氏早有称帝的居心，没有做是因为条件不具备，时机未成熟。所以，从民国三年（1914）改造《中华民国临时约法》时起，他就为之做了一系列的准备和安排。从后来的结果看，无论在事实上还是在形式上，他都已经做到了终身制的独裁元首，而且有了世袭的可能，所缺少的不过是"皇帝"的称号和一顶皇冠而已。

而客观上，袁世凯似乎也有不得不做皇帝的理由。这可以从两方面来看，一是自民国成立以来，始终有人在念"共和政体不适合中国国情"这本经，以为非帝制或君主立宪不能使中国摆脱战乱和被列强瓜分的危险；二是共和的确没给中国的老百姓带来安定、温饱的生活，民国成立后面临内忧外患，纷扰不已，那些官僚、军阀更是横行无忌，动辄舞刀弄枪，拥兵自重，为争一己之私利，不顾百姓的死活，故有民国不如大清之说。当时，人心思治，社会上的普遍心理，是以为只有袁世凯才能力挽乱局，所谓"非袁不可"，已经成了许多人的口头禅。而袁世凯自己，大约也觉得天降大任，责无旁贷吧。

筹安会便于此刻登台亮相。按照杨度的说法，这是个研究学理的组织,"专就吾国是否宜于共和抑宜于君主"[1]进行探讨。发起者六人,即杨度、孙毓筠、严复、刘师培、胡瑛、李燮和,人称"六君子"。这六个人,杨度既为发起人,也是其中的关键角色,孙、胡、李都是革命元勋,刘师培是渊博的国学大师,严复则是学贯中西的学者、西学的领军人物。

这里单说严复。在筹安会的六个人中,严复的态度最微妙,也最有意味。从现在可以看到的史料中不难判断,严复列名筹安会是被迫的,并非他的本意。所以,即使是在袁世凯死后,有人主张惩办帝制祸首时,亲友无不劝其远避,而他的态度仍是"俯仰无愧怍",泰然处之,乃至"家人强舁篮舆登火车始至天津暂避"[2]。后黎元洪发布惩办帝制祸首令,严复不在其中。《大公报》曾发表《严复与冯国璋书》,其中写道:"当筹安会发起之时,杨(度)孙(毓筠)二子,实操动机。其列用贱名,原不待鄙人之诺,夕来相商,晨已发布。我公试思,当此之时,岂复有鄙人反抗之址耶?近者国会要求惩办祸首,尚幸芝老(段祺瑞字芝泉)知其真实,得及宽政,不然,复纵百口,岂能自辩?"[3]

---

[1] 侯毅:《筹安盗名记》,苏中立、涂光久主编:《百年严复——严复研究资料精选》,福建人民出版社2011年1月版,143页。

[2] 侯毅:《筹安盗名记》,苏中立、涂光久主编:《百年严复——严复研究资料精选》,福建人民出版社2011年1月版,145页。

[3] 王栻主编:《严复集》第三册,中华书局1986年1月版,724—725页。

这是严复第一次在公开场合为自己列名筹安会一事辩护。民国八年（1919），侯毅所作《筹安盗名记》，在上海某报发表，并很快被南北各报转载。文章详述了袁世凯指使杨度强拉严复列名筹安会，参与活动，撰写反驳梁启超的文章，写劝进书的全过程。侯毅（1885—1951），字疑始，又字雪农，江苏无锡人，曾留学日本，在诗文方面师事严复。他作此文，目的是为老师辩诬。在他之前，已有许多人"摭拾旧闻，撰为记传"，但"强半多出于附会讹传，甚或向壁虚造"，辗转流传，散布坊肆，"深悉当时委细者，至今犹寥寥无几人"。而他是严复身边的见证人，"当侯官（严复福建侯官人）处荆棘中，筹所以应付之道，不佞盖尝与借箸之谋，故知之至详且尽"，言论都是"信而有征"的。所以，他才"撮其始末撰为此记，俾今后读掌故者知所参政焉"[1]。

他在这篇文章中澄清了几个问题。其一，杨度曾两度登门游说严复加入筹安会，被严复拒绝了。他的理由是："国经改革，原非一蹴可期其大治，今日国体既大定，岂遂别无改善之道，君主之制所赖以维系者，厥唯人君之威严，今日人君威严既成覆水，贸然复旧，徒益乱耳。仆持重，人所共知，居恒每谓国家革故鼎新，为之太骤，元气之损，往往非数十百年不易复。故世俗所谓革命，无问其意者更民主抑君主，

---

[1] 侯毅：《洪宪旧闻》，转引自杨寿枏辑，宁志荣点校：《云在山房丛书三种》，山西古籍出版社1996年9月版，110—111页。

凡卒然尽覆已然之局者，皆为仆所不取。"并且直言："此会苟成立，天下恐从此多事矣。"[1] 其二，未取得严复同意，便将其列名筹安会发起人中，并公诸报端。其三，听从学生建议，凡会中一切活动，都称病谢绝，始终没有参与，直到筹安会解散，也不曾进过石驸马大街筹安会的大门。其四，袁世凯以威逼利诱等手段，胁迫他撰写批驳梁任公的文章，亦被他拒绝了。其五，筹安会发起者六人，五人都写了劝进之文，只有严复没写。"侯官最以文学著称，终洪宪之世，独未尝有只字称扬帝制也。"[2]

严复不是一个容易妥协的人。早年在英国留学期间，郭嵩焘先生对他的看法是"气性太涉狂易"，担心他"负气太盛"，而"终必无成"[3]。但经过几十年官场与社会的磨炼和煎熬，此时的严复，已不复少年时的锐气锋芒，倒是多了些理智的思考、现实的算计和性情的涵养。不过，他骨子里那种自负、孤傲之气并未完全消失，只是潜藏在他与朋友的通信中。因而，我们看他的公众形象与私密形象有时会觉得不很一致。就像此时，他从杨度派人送来的信中得知，拉他作为筹安会的发起人是袁世凯的意思，"固辞恐不便"，则显得

---

[1] 杨寿楠辑，宁志荣点校：《云在山房丛书三种》，山西古籍出版社1996年9月版，112—113页。

[2] 杨寿楠辑，宁志荣点校：《云在山房丛书三种》，山西古籍出版社1996年9月版，115页。

[3] 孙应祥：《严复年谱》，福建人民出版社2003年8月版，37页。

"仓卒不知所措"，急忙打电话叫学生来商量对策。侯毅的意见是"先生既不勉强附和其事，惟有登报声明盗名而已"。但考虑到袁世凯不会轻易放过他，他又不能"乘夜潜逸"，所以，"踟蹰久之，对侯毅说：'吾年且耄而哮喘，时作张俭望门投止，殊非所堪。'"[1]。严复此时提到张俭，或有深意存焉。张俭乃东汉名士，因党锢之祸被迫流亡，仓惶之中，见到人家就去投宿。党锢解除之后，建安初年，朝廷征召他为卫尉，不得已他接受了任命。而一旦看出曹操有篡位的野心，他便将大门紧闭，车驾也悬挂起来，表示不再过问政事。严复自比张俭，表面上是说，我年纪大了，又患有哮喘病，不能像张俭那样亡命天涯；更深一层，未必不想借此婉转地表达拒绝与袁世凯合作的态度。

严复向来是以"器识闳通，天资高朗"[2]名于世的，但在洪宪帝制运动中，他却没有旗帜鲜明地反对袁世凯称帝。当有人盗用他的名义为筹安会装点门面的时候，他也没有登报声明，揭穿盗名的真相，反而选择了忍辱负重，不惜身败名裂而缄口不言。这是为什么呢？最直接的原因，想来就是身处袁世凯的严密控制之下，固有不得不如此之苦衷。据说，就在筹安会启事见于报纸的当天清晨，严复的家已被两位荷枪

---

[1] 侯毅：《洪宪旧闻》，转引自杨寿枏辑，宁志荣点校：《云在山房丛书三种》，山西古籍出版社1996年9月版，114页。

[2] 孙应祥：《严复年谱》，福建人民出版社2003年8月版，48页。

壮士守护起来。而他在拒绝作文批驳梁启超之后，甚至收到过以刺杀相威胁的恐吓信。所以，为自身安全起见，杨度要盗用他的名义，他也只有听之任之，却并不实际参与他们的活动。虽然没有像张俭那样将大门紧闭，车驾也悬挂起来，对政事一概不闻不问，但"于新猷赞襄盖寡，其庆贺朝宴，均未入场"[1]，也是士子独善其身的一种做法。故而侯毅曾安慰他道："明哲保身，先圣所取。"[2]

后人谈起严复对筹安会盗用其名的隐忍，除了同情、理解他因所处环境之恶劣，不得不选择沉默，也看到他的政治主张。他对中国政治现状及特殊国情的分析，与杨度、古德诺其实并无分歧，甚至是高度一致的。这或许是他并不急于公开不肯列名筹安会的内在原因。有大量的史料可以证明，严复对共和、革命及政党政治，都持怀疑的态度，认为其是造成中国内乱的总根源。武昌打响第一枪后不久，他在写给张元济的信中便抱怨"灾祸"来了，惊呼"吾国于今已陷危地，所见种种怪象，殆为古今中外历史所皆无"。他担心种族革命可能造成国家的分裂，西方列强可能乘机瓜分中国，"长城玉关以外断断非吾有明矣"。他明确指出，"中国之贫弱腐

---

[1] 王栻主编：《严复集》第三册，中华书局 1986 年 1 月版，629 页。
[2] 侯毅：《洪宪旧闻》，转引自杨寿枏辑，宁志荣点校：《云在山房丛书三种》，山西古籍出版社 1996 年 9 月版，114 页。

败，汉人与有罪焉"[1]，不能完全归罪于满人。

他以一种十分遗憾的心情，目睹了清王朝的覆灭。在给莫理循的一封信中他写道："直截了当地说，按目前状况，中国是不适宜于有一个像美利坚众国那样完全不同的、新形式的政府的。中国人民的气质和环境将需要至少三十年的变异和同化，才能使他们适合于建立共和国。共和国曾被几个轻率的革命者如孙逸仙和其他人竭力倡导过，但为任何稍有常识的人所不取。因此，根据文明进化论的规律，最好的情况是建立一个比目前高一等的政府，即保留帝制，但受适当的宪法约束。应尽量使这种结构比过去更灵活，使之能适应环境，发展进步。可以废黜摄政王，如果有利的话，可以迫使幼帝逊位，而遴选一个成年的皇室成员接替他的位置。"[2]

莫理循时任《泰晤士报》驻北京记者，民国后曾担任袁世凯和北洋政府政治顾问。严复的这封信写于民国成立之前。此时的他，仍然心存一线希望，不忍看到清王朝就这样被葬送。在这封信中，他甚至希望"列强采取一致行动"，来调解革命党与清政府的矛盾，他说："为人道和世界公益起见，他们可提出友好的建议，让双方适可而止，进行和解。如果听

---

[1] 孙应祥：《严复年谱》，福建人民出版社2003年8月版，376—377页。
[2] ［澳］骆惠敏编，刘桂梁等译：《清末民初政情内幕》（上），知识出版社1986年11月版，785页。

任一些革命党人的种族敌对情绪走向极端的话,现在满族人确实毫无防卫能力了。"[1] 据说他不剪辫子,就是想以此来表明他的主张,反对共和制,赞成君主制。有人问他,你平素是推重新学的,为什么不肯抛弃腐败的清政府呢?他回答:"尝读柳子厚《伊尹五就桀赞》,况今日政府未必如桀,革党未必如汤,吾何能遽去哉!"[2] 严复的回答是很耐人寻味的,他在这里提到柳宗元的《伊尹五就桀赞》,除了为自己不肯放弃清王朝而"自解",显然还想暗示什么。柳宗元这篇文章的核心思想可以用一句话来概括,即"圣人出于天下,不夏、商其心,心乎生民而已"[3]。这个思想贯穿于严复晚年对许多问题的看法中。他看到,无论国会议员、各党各派,还是各种地方势力、军阀政客,都是在为各自的私利而争斗,甚至不惜发动战争,使生灵涂炭,陷人民于水火,没有谁把国家、民众放在心上。

总之,严复的思想在晚年越发表现出理性、保守的特点,对社会变革亦持渐进的态度,反对过激的革命或操之过急的改革,其出发点或落脚点即国家的统一和民众的福祉。他对清王朝则一直保持着某种眷恋之情,虽不能至而心亦系之。所以,当杨度为筹安会列名一事向他游说时,他是颇为纠结

---

1 [澳]骆惠敏编,刘桂梁等译:《清末民初政情内幕》(上),知识出版社1986年11月版,785—786页。
2 孙应祥:《严复年谱》,福建人民出版社2003年8月版,386页。
3 吴小林主编:《唐宋八大家品读词典》(上卷),新世界出版社2008年3月版,352页。

而难以明言的。他并非不懂得"中国非君主不治"的道理，但问题是，如果回到君主制或君宪制，那么，谁来做这个君主呢？"且果决复旧之议，又有故君新君问题"，如果是袁世凯来做，他认为没有讨论的必要，也没有讨论的空间，"自古觊觎大位者，一惟势力是视，何尝有待于商略哉？"[1]。话说到这个份儿上，下面的话也就不便明说了。说到底，他在筹安会列名一事上的两难，深层原因就在这里。有些话，对杨度不好说，对自己的门生或朋友则不妨明说。在写给熊纯如的信中，他就几次提到不愿列名筹安会的原因，是在"谁为之主"的问题上，与杨度等人有不同的看法。下面这段话说得就更加明白了，他言道："至于去秋，长沙杨皙子以筹安名义，强拉发起，初合（会）之顷，仆即告以共和君宪二体，孰宜吾国，此议不移晷可决，而所难者，孰为之君。此在今日，虽有圣者，莫知适从，武断主张，危象立见，于是请与会，而勿为发起。"[2]

这大约也可以解释他为何宁肯得罪袁世凯，也不肯写文章批驳梁启超。在他看来，梁启超的文章恰恰指出了这一点，即君主立宪不是不能搞，而是时机不成熟。无论梁启超怎么想，他似乎已从梁氏文中读出了弦外之音。于是他说："任甫

---

[1] 侯毅：《洪宪旧闻》，转引自杨寿枏辑，宁志荣点校：《云在山房丛书三种》，山西古籍出版社1996年9月版，113页。
[2] 王栻主编：《严复集》第三册，中华书局1986年1月版，636页。

更谓：'吾国宪政障碍，非君宪所能扫除，障碍不去，则立宪终虚。'此其言自为无弃，而鄙人则谓：大总统宣誓就职之后，以法律言，于约法有必守之义务，不独自变君主不可法，且宜反抗，余人之为变，堂堂正正，则必俟通国民意之要求。"[1] 在这一点上，严复与梁启超可谓心有灵犀，因此，他不仅不愿著文驳斥梁启超，反而明确表示："任公、松坡与唐、任辈倡义西南，以责洹上之背约，名正言顺，虽圣人无以非之。"[2] 他不满意于梁启超的，是袁氏死后，没有及时安定天下，反而使国家陷于军阀混战和新的党争，所以说，"名为首义，实祸天下"。

这里也体现了严复的一贯思路。当筹安会初起之时，他对杨度等人及袁世凯的做法是持异议的。在他看来，"不幸有三四纤儿，必欲自矜手腕，做到一致赞成，弊端遂复百出，而为中外所持，及今悔之，固已晚矣。窃意当时，假使政府绝无函电致诸各省，选政彼此一听民意自由，将赞成者，必亦过半，然后光明正大，择期登极，彼反对者，既无所借口，东西邻国亦将何以责言。释此不图，岂非大错"[3]。在另一信中，他则特别提到袁氏的错误："极峰自诡，行且即真，对于群下，词色并异，恶异己而亲导谀，而事势遂陷于不可挽救

---

[1] 王栻主编：《严复集》第三册，中华书局1986年1月版，627页。
[2] 王栻主编：《严复集》第三册，中华书局1986年1月版，652页。
[3] 王栻主编：《严复集》第三册，中华书局1986年1月版，629页。

之域矣。旧日心腹将帅，自段、冯以下，皆被猜疑，晋见之时，并无实言相告，虽亲戚故交，如徐如孙，皆以门面语相对付，而人心乃解体矣。夫众叛亲离，不亡何待。"[1] 严复是个明白人，他有一番话，把民国以来的变故讲得非常透彻，他说道："夫中国自前清之帝制而革命，革命而共和，共和而一人政治，一人政治而帝制复萌，谁实为之，至于此极？彼项城固不得为无咎，而所以使项城日趋于专，驯致握此大权者，夫非辛壬党人？参众两院之捣乱，靡所不为，致国民心寒，以为宁设强硬中央，驱除洪猛，而后元元有息肩喘喙之地故耶。不幸项城不悟，以为天下戴己，遂占亢龙，遽取大物，一著既差，威信扫地。呜呼！亦可谓大哀也已。"[2]

不过，帝制取消之后，在举国上下一致要求袁世凯退位的浪潮中，严复又一次站到了舆论的对立面。在写给熊纯如的一封信中，他指责"中国党人，无论帝制、共和两派，蜂起愤争，而迹其行事，诛其居心，要皆以国为戏，以售其权利愤好之私，而为旁睨胠箧之傀儡"[3]。他进而言道："惟是今于取消帝制之后，复劝项城退位，则又万万不能，何则？明知项城此时一去，则天下必乱，而必至于覆亡。德人有言：'祖国无上。'为此者，一切有形无形之物皆可牺牲，是故吾

---

[1] 王栻主编：《严复集》第三册，中华书局1986年1月版，635页。
[2] 王栻主编：《严复集》第三册，中华书局1986年1月版，631页。
[3] 王栻主编：《严复集》第三册，中华书局1986年1月版，630—631页。

之不去，吾之不劝项城退位，非有爱于项城也。无他，所重在国故耳。"[1] 这是严复的特点。他往往是从现实出发考虑问题，而并不在意看上去很美好的理想。他曾这样说过："可知邦基陧杌，其能闵济艰难，拨乱世而反之正者，决非仅仅守正高尚，如今人所谓道德者，有以集事。当是之际，能得汉光武、唐太宗，上之上者也；即不然，曹操、刘裕、桓宣武、赵匡胤，亦所欢迎。盖当国运飘摇，干犯名义上一事，而功成治定，能以芟荑顽梗，使大多数苍生环堵有一日之安，又是一事。"这是一种实事求是的态度。但是，这种态度往往不被舆论所接受，他是深知这一点的，所以他说："此语若对众宣扬，必为人人所唾骂。然仔细思量，更证以历史之前事，未有不爽然自失者也。"[2] 这几乎就是严复这类知识分子的宿命。在历史转型时期，虽然他们的预言常常变成了现实，但却没有人想到当初做出预言的人，吸取他们的教训。在严酷的现实面前，尽管理想一再地欺骗他们，人们仍然愿意为虚幻的理想而牺牲现实。这恐怕便是人类历史不断上演悲剧的根源。

---

[1] 王栻主编：《严复集》第三册，中华书局1986年1月版，631页。
[2] 王栻主编：《严复集》第三册，中华书局1986年1月版，652页。

俞理初：故纸堆里的思想风暴

自明代李贽之后,

还没有如此大胆为妇女鸣冤叫屈的,

而且他思考问题的深度和广度,

似乎也超过了李贽。

因此,

蔡元培给予俞理初很高的评价,

称其为"近代以来自由思想之先声"。

我很喜欢俞理初这个人，原因恐怕要追溯到二十年前。1995年，世界妇女大会要在北京召开，孙郁兄和社科院文学所的王菲大姐主编一套女性文化书系，他们让我也报个题目。那时我正对妇女问题感兴趣，因为电视剧《渴望》弄了一个刘慧芳出来，在社会上引起很大争议。有人甚至认为，该剧塑造了一个"贤妻良母"的女性形象，是从"五四"向后倒退，是妇女解放的反动。我觉得这是一个很有意思的题目，是可以继续深究的，而真的追究起来，才知道很不容易。

俞理初这个名字就是此时出现的。四处搜寻材料后，蔡元培在《中国伦理学史》中论述俞理初的一段文字就被我当成了重大发现。就我掌握的材料而言，自明代李贽之后，还没有如此大胆为妇女鸣冤叫屈的，而且他思考问题的深度和广度似乎也超过了李贽。因此，蔡元培给予俞理初很高的评价，称其为"近代以来自由思想之先声"[1]。他列举俞理初在伦理思想上的贡献，认为主要是在谈及妇女的社会地位以及生存处境时，俞理初能够以平等、公正的态度对待之。这里面涉及妇女的贞操、节烈、缠足、再嫁、妒忌等所谓妇德的问题，前人往往视而不见，漠不关心，"至理初，始以其至公至平之见，博考而慎断之"[2]。

---

[1] 蔡元培：《中国伦理学史》，商务印书馆1999年12月版，109页。
[2] 蔡元培：《中国伦理学史》，商务印书馆1999年12月版，109页。

沿着这个线索，我陆续读了蔡元培所作《俞理初先生年谱跋》以及《俞理初先生年谱》，对俞理初有了初步了解，深感这是一位身在书斋而心怀天下，以平常心对待学术的有良知的学人。进而，我又搜集到周作人关于俞理初的一些文章。他表示："在过去两千年中，我所最为佩服的中国思想家共有三人，一是汉王充，二是明李贽，三是清俞正燮。这三个人的言论行事并不怎么相像，但是我佩服他们的理由却是一个，此即是王仲任的疾虚妄的精神，这在其余的两人也是共通的，虽然表现的方式未必一样。"[1]周作人所赞赏的"疾虚妄"的精神，就是怀疑的精神，批判的精神，实证的精神，就是不迷信，不盲从，不附和。这也正是俞理初治学的精神。王充所谓"虚妄"，周作人称之为"莠书"。他作莠书六篇，见于《癸巳存稿》卷十四，分别为酷儒、愚儒、谈玄、夸诞、旷达和悖儒。周作人认为，这六篇文章"对于古人种种荒谬处加以指摘，很有意思"[2]。他说，俞理初所据标准，就是人情物理，即以人情物理去揭穿那些貌似正确，为世间公认的"真理"。于是他指出："盖天下多乡愿，其言行皆正经，常人无不佩服，然若准以情理，则其不莠者鲜矣。唯有识与力者始能表而出之，其事之难与其功之大盖远过于孟子之功

---

[1] 周作人：《俞理初论莠书》，周作人著：《药堂杂文》，河北教育出版社2002年1月版，133页。

[2] 周作人：《关于俞理初》，周作人著：《秉烛谈》，河北教育出版社2002年1月版，4页。

异端也。"[1]

俞理初（1775—1840），安徽徽州府黟县人，名正燮，字理初。父名献，字可亭，乾隆四十二年（1777）拔贡生。据《俞氏家谱》所载，可亭先生"工骈体，隶事尤熟于掌故，曾主讲河南闻政书院。官句容县训导，署望江县（一说庐江县）教谕"[2]。俞理初的少年时代就是在句容度过的，有诗为证：

> 城南游钓处，客久认为家。
> 携酒来郊外，寻幽得径斜。
> 寒云低竹叶，近水有梅花。
> 隔岸茅扉掩，时闻笑语哗。[3]

此诗或不足以说明俞理初在句容生活的具体时间，而另有一篇《贼书》，写他"少时见句容名捕居明者"[4]，说明他小时候的确在句容生活过。又有《骆君小传》一篇，写他在句容的一个忘年交。他是相信人死而神在的，一次旅途中，他于酒后"梦骆君至"，一起"看花欢笑"，醒来后，想起"小

---

1 周作人：《俞理初论荟书》，周作人著：《药堂杂文》，河北教育出版社2002年1月版，134页。
2 王立中：《俞理初先生年谱》，薛贞芳主编：《清代徽人年谱合刊》下册，黄山书社2006年4月版，610页。《俞正燮全集》前言称"庐江县"。
3 [清]俞理初：《句容》，[清]俞正燮撰，于石、马君骅、诸伟奇校点：《俞正燮全集》（三）《四养斋诗稿》卷一，黄山书社2005年9月版，10页。
4 [清]俞理初：《贼书》，[清]俞正燮撰，于石、马君骅、诸伟奇校点：《俞正燮全集》（二）《癸巳存稿》卷十四，黄山书社2005年9月版，613页。

时一句一字，骆君皆奇赏之"[1]，仍很感慨。他的学生程鸿诏曾为先生作传，写道："先生随父之官，好读书，拥籍数万卷，手幡不辍，辍已成诵，地人名事迹本末，见某皮某册篇行，语辄中。尝与句容王乔年同撰《阴律疑实》，裁书满壁，朱墨烂然，父奇之。"[2] 王乔年与俞理初同岁，是他少年时的朋友。他们一起撰写《阴律疑实》时，俞理初只有十七八岁，却已经显示出坚实的学术功底及融会贯通的才学。他的记忆力非常人所及，《清史稿》说他"性强记，经目不忘"[3]，如果有人提起某个地名、人名或掌故，他马上就能请你去翻书柜中的某本书，甚至具体到哪一篇哪一行，一说就中，屡试不爽。

不能说好记性成全了俞理初，但记性好对他来说却所幸于天赐。程鸿诏还记得："每与理初夜集，偶有作述，援笔立就，义证赅恰，退而检诸簏，无一误事误言，叹其才学识有千万人而无数者。"[4] 历史上，像李白这种"日试万言，倚马可待"[5]的才子，或时而有之，而"偶有作述，援笔立就，义

---

1 [清] 俞理初：《骆君小传》，[清] 俞正燮撰，于石、马君骅、诸伟奇校点：《俞正燮全集》（二），《癸巳存稿》卷十五，黄山书社 2005 年 9 月版，642 页。
2 [清] 程鸿诏：《黟两先生传》，转引自 [清] 俞正燮撰，于石、马君骅、诸伟奇校点：《俞正燮全集》（三）附录一，黄山书社 2005 年 9 月版，206 页。
3 [清] 赵尔巽等：《清史稿》卷四百八十六，列传二百七十三，文苑三，中华书局 1977 年 8 月版，13423 页。
4 [清] 程鸿诏：《黟两先生传》，转引自 [清] 俞正燮撰，于石、马君骅、诸伟奇校点：《俞正燮全集》（三）附录一，黄山书社 2005 年 9 月版，207 页。
5 [唐] 李白：《与韩荆州书》，[清] 吴楚材、[清] 吴调侯选注：《古文观止》，中华书局 1987 年 1 月版，289 页。

证赅洽，退而检诸箧，无一误事误言"的学人，则前无古人。要做到这一点，如果没有对经史子集乃至于金石碑帖、稗官小说如数家珍般的熟悉，几乎是不可能的。就其学术渊源和传承来说，他与其乡贤江永（慎修）、戴震（东原）可谓一脉相承，虽非出身于此，其学术路径却是江、戴二贤所开辟的。梁启超只看到他的"长于局部的考证"[1]，却忽略了他在许多文章中所表达的对国计民生的关切，以及他在许多问题上表现出来的超前意识和开创精神。他固然没有一部如戴东原《孟子字义疏证》这样的著作，但他的《癸巳类稿》《癸巳存稿》有近百万字，开近代人文思想之先河，辟乾嘉朴学"经世致用"之新局面；而治学中的求实精神，以及对历史发展变化的认知和尊重，尤其是以传统反传统的思维方式和著述风格，都不是拾零捡烂、斤斤于名物和制度的乾嘉末流所能比附的。

嘉庆六年（1801），俞可亭先生病逝于庐江县教谕任上，时年二十七岁的俞理初担起了抚养母亲、妻小和五个弟弟的重任。此时他正在京城求学，两年前家里出资为他捐了监生，取得了在国子监读书的资格。现在，一家人的生活负担压在他的肩上，他也只能把读书的事先放一放。毕竟，吃饭事大，读书事小，何况不是他一人要吃饭，而是全家人都要吃饭，他不能不负起这个责任。有记载说，他自二十多岁起，

---

[1] 梁启超：《近代学风之地理的分布》，梁启超：《饮冰室合集》文集之四十一，中华书局1989年3月版，70页。

就以所学受雇于达官贵人，靠佣书养家糊口，"居家事母，不乐仕进"[1]。著名地理学家张穆很敬重俞理初，以礼事之，尊为先生，曾作《癸巳存稿序》，说他"顾以家贫性介，知其学者寡，奔走道途四十年，缟纻余润不足赡妻孥，年逾六十，犹不能一日安居，遂其读书著书之乐也"[2]。

旧时读书人的出路，无非科举求仕，除此之外，别无选择。一旦高第为官，不仅社会地位得以改变，生活条件也随之改善，朝廷依品阶等级给予的各种待遇，足以保障一家人丰衣足食。但不知何因，直到道光元年（1821），四十七岁的俞理初才由附监生中式第一百十五名举人。第二年入都参加礼部会试，则未中。在此之前，几乎没有他参加科考的任何记载。有人推测，或与他不肯屈己从人，疏于交际有关。总之，他选择编纂、校雠、抄书为谋生之手段，倒也符合他孤傲绝世、卓然不群的性情，并能发挥他博闻强记、学贯古今的特长。其时恰逢乾嘉之际，官私编书，蔚然成风，许多高官权贵争相染指，他不愁没有事情做，而他的学识、人品，也深得雇主们的信任，结果，四十年间，佣书竟成了他的主业，"手成官私宏巨书不自名者甚多，其自名惟《癸巳类

---

1 [清]齐学裘：《见闻随笔》，转引自[清]俞正燮撰，于石、马君骅、诸伟奇校点：《俞正燮全集》（三）附录一，黄山书社 2005 年 9 月版，217 页。
2 [清]张穆：《癸巳存稿序》，转引自[清]俞正燮撰，于石、马君骅、诸伟奇校点：《俞正燮全集》（三）附录二，黄山书社 2005 年 9 月版，230 页。

稿》"[1]而已。

佣书自然不比著书，佣书既为他人作嫁，所得成果也不署自己的名字，是很正常的。因此，他所编校的书籍虽多，而无从查考者恐怕也不少，目前可以考见者计有如下二十种：一、补注五代史记；二、参纂《大清会典》；三、校《六壬书》；四、参纂《黟县县志》；五、校《钦定春秋左传》；六、参纂《续行水金鉴》；七、校《顾祖禹读史方舆纪要》；八、参纂《两湖通志》；九、参订《林则徐先人旧稿》；十、校宋本《说文系传》；十一、校《三古六朝文目》；十二、编纂《古天文说》二十卷；十三、辑《纬书》；十四、《宋会要辑本》五卷；十五、校补《海国记闻》二卷；十六、编纂《说文》《部纬》各一卷；十七、批校《书集传》；十八、批校《文选》；十九、批校《礼记集说》；二十、校批《永怀堂十三经古注》。[2]这只是四十年来经他编纂批校的部分图书，规模已经相当可观。俞理初博大精深的学识，不能说与他常年埋首浩瀚的书卷中没有关系，有人称他为"佣书成材的学者"，不是全无道理。

1　[清]程鸿诏：《黟两先生传》，转引自[清]俞正燮撰，于石、马君骅、诸伟奇校点：《俞正燮全集》，（三）附录一，黄山书社2005年9月版，206—207页。
2　参见于石《俞正燮编纂与批校书目考》，[清]俞正燮撰，于石、马君骅、诸伟奇校点：《俞正燮全集》（三）附录三，黄山书社2005年9月版，244—254页。

不过，皓首穷经的佣书生涯毕竟是十分辛苦的，而收入并不足以使全家过上体面的生活。他有《短歌五章》专道生活的不容易，其中第二章写道："纷纷债务如尘积，今年明年朝复夕。心烦口吃无一言，出门泥涂深几尺。艰难此事仗友生，贫交无计又空行。劳劳都为钱刀贵，几时买地事躬耕。"[1]这应该是他的生活实录吧。他很想改变这种窘迫的局面，况且以他的学识，他不相信自己春闱不能报捷。于是，在中举十三年后，即道光十三年（1833）春天，五十九岁的他再鼓余勇参加了礼部会试。如果能中进士，得个一官半职，晚年的生活也就有了保障，他也好分一些精力出来，从事自己喜欢的、与生计无关的学术研究。

然而，俞理初的科场总是不能如意。据姚永朴《旧闻随笔》记载："黟县俞理初先生正燮应礼部试，考官为曹文正、阮文达两公。文达夙慕先生名，必欲得之，每遇三场五策详赡者，必以为理初也。及榜发不见名，遍搜落卷亦不得，甚讶之。文正徐取一卷出，曰：'此殆君所谓佳士乎？吾平生最恶此琐琐者，已摈之矣。'验之，果然。"[2]俞理初的仕途就这样葬送在老迈官僚曹振镛（文正）的手里。近二百年来，常

---

1 ［清］俞理初：《短歌五章》，［清］俞正燮撰，于石、马君骅、诸伟奇校点：《俞正燮全集》（三）《四养斋诗稿》卷一，黄山书社2005年9月版，7页。
2 ［清］姚永朴：《旧闻笔记》，转引自［清］俞正燮撰，于石、马君骅、诸伟奇校点：《俞正燮全集》（三）附录一，黄山书社2005年9月版，220页。

常有人为他惋惜，为阮元（文达）抱憾，亦为曹振镛扼腕。不过，平心而论，俞理初并不热衷于仕途经济，很少在时文帖括上下功夫，而他以详于考据的文笔写八股文，在考官眼中被视为"琐琐"，一点也不奇怪。进而联想到他佣书数十年，雇主都是高官巨僚，赏识其才学者虽不乏人，但似乎并无一人招他入幕府，也没有人推荐他去为官，甚至没人说过一句他有经世之才的赞语。在他们看来，俞理初只是一个学富五车的书呆子而已。

幸运的是，科场失意的俞理初却在"文"场遇到了知音。礼部主事王藻（字菽原）很喜欢他的文章，听说他有文稿三十余卷，藏于箧中，不曾示人，便联络在京的一些朋友，将其中十五卷辑为《癸巳类稿》，集资出版，印行于世。之所以题为"癸巳"，只是说明这是癸巳年（道光十三年）编辑而成的。这是他的思想成果第一次付之梨枣，另有十五卷《癸巳存稿》，在他死后十年由后学张穆主持出版。癸巳之后，时任两湖总督的林则徐聘他总纂《两湖通志》，"书成，典博详明，时称得体"，于是，又受邀"为林则徐参订先人旧稿"[1]，并"校补《海国记闻》"[2]。道光十九年（1839），俞理初已经

---

1 见《乡贤事实十八条》，转引自[清]俞正燮撰，于石、马君骅、诸伟奇校点：《俞正燮全集》（三）附录三，黄山书社2005年9月版，249页。

2 见《乡贤事实十八条》，转引自[清]俞正燮撰，于石、马君骅、诸伟奇校点：《俞正燮全集》（三）附录三，黄山书社2005年9月版，252页。

六十五岁，祁寯藻提督江宁学政，特邀他"赴金陵，言于制府，聘掌惜阴书舍教。惜阴书舍者，陶文毅所特设，以课诸生古学也。地据城西高阜，江流一线，浮浮目前，致为幽胜。修脯所入，亦较优赡"[1]。俞理初奔波一生，至此总算得到一个安顿之处，即可养家教子，又可专心学问，还能传授后学，不可不谓之得其所哉。但世事难料，俞理初命途多舛，就在他执教的第二年夏天，竟"卒于江宁惜阴书舍"[2]，好日子过了不到一年。

俞理初离世于道光二十年（1840）。此时的中国，正在跨进近代历史的门槛，用一句老生常谈的话说，正处在西方列强用炮舰轰开中国大门的前夜。这是一个风云激荡的时代，也是各种思想激烈碰撞的时代。由于西方思想的冲击，以及传统思想文化领域的争论，整个思想界显得异常活跃。俞理初不是站在思想前沿的斗士，像龚自珍、魏源；也非体制内思想开明、力主变革的官员，如林则徐、冯桂芬。他始终是个学者，而且是乾嘉后期朴学色彩很浓的一位学者，他的思想主要产生在书斋里。而其可贵之处，恰恰在于他能运用典籍资料，完成自己的独立思考，形成自己的独特见解，特别是那些具有超前意识的思想见解。

1　[清]张穆：《癸巳存稿序》，转引自[清]俞正燮撰，于石、马君骅、诸伟奇校点：《俞正燮全集》（三）附录一，黄山书社2005年9月版，231页。

2　[清]王立中：《俞理初先生年谱》，薛贞芳主编：《清代徽人年谱合刊》（下），黄山书社2006年5月版，642页。

俞理初的思想中有一种权利意识和平等观念，特别是在涉及两性关系和女教妇德这些问题时，他的看法总是倾向于女性的，故李慈铭著《越缦堂读书记》说他"颇好为妇人出脱"[1]，这也就是蔡元培称赞他的"无一非以男女平等之立场发言者"[2]。蔡元培作《俞理初先生年谱跋》，其中写道："男女皆人也。而我国习惯，寝床、寝地之诗，从夫、从子之礼，男子不禁再娶，而寡妇以再醮为耻，种种不平，从未有出而纠正之者。俞先生从各方面为下公平之判断。"[3] 他的这番话说得一点也不过分，能以公平之论谈论妇女应有之权利的，明有李贽，清有俞理初，此外再无旁人。特别是在贞节问题上，即使是主张男女平权的开明人士，也不敢多置一词。李贽是很敢说话的，且因言得祸，丢了性命，但对贞节问题仍模棱两可。可见，在道学当道的时代，有几个字是碰不得的，一个是"贞"，一个是"节"，一个是"妒"，这三个字犹如三条绳索，不仅捆住女性手脚，动不得，也封住了所有人的口，说不得。俞理初却作了《贞女说》《节妇说》《妒非女人恶德论》，来为女性辩诬、解脱。他在《贞女说》中写道："后世女子，不肯再受聘者，谓之贞女，其义实有难安。未同衾而

---

[1] [清] 李慈铭著，由云龙辑：《越缦堂读书记》（四），辽宁教育出版社2001年2月版，675页。
[2] 蔡元培：《俞理初先生年谱跋》，蔡元培著，沈善洪主编：《蔡元培选集》下卷，浙江教育出版社1993年11月版，1172页。
[3] 蔡元培：《俞理初先生年谱跋》，蔡元培著，沈善洪主编：《蔡元培选集》下卷，浙江教育出版社1993年11月版，1171页。

同穴谓之无害，则又何必亲迎，何必庙见，何必为酒食以召乡党僚友，世又何必有男女之分乎？此盖贤者未思之过。"[1]他质问主张贞烈的道学先生："男儿以忠义自责则可耳，妇女贞烈，岂是男子荣耀也！"[2]《节妇说》写得更为激烈："《礼·郊特牲》云：'一与之齐，终身不改，故夫死不嫁。'《后汉书·曹世叔妻传》云：'夫有再娶之义，妇无二适之文。故曰夫者，天也。'按'妇无二适之文'，固也，男亦无再娶之仪！圣人所以不定此仪者，如'礼不下庶人，刑不上大夫'，非谓庶人不行礼，大夫不怀刑也。礼意不明，苛求妇人，遂为偏义。古礼，夫妇合体同尊卑，乃或卑其妻。古言'终身不改'，言身，则男女同也。七事出妻，乃七改矣。妻死再娶，乃八改矣。男子理义无涯涘，而深文以罔妇人，是无耻之论也。"[3]在这里，他指责男性社会在处理男女婚姻问题时采取双重标准，男子可以为所欲为，女子却动辄得咎。他认为，既然女子不能再嫁，那么，男子也不应再娶，"是女再嫁，与男再娶者等"[4]。他还特别强调，嫁娶都是个人的事，应当由当事者自主选择，别人不能置喙，"其再嫁者，不当非之；不再

---

[1] [清]俞理初《贞女说》，[清]俞正燮撰，于石、马君骅、诸伟奇校点：《俞正燮全集》（一），《癸巳类稿》卷十三，黄山书社2005年9月版，631页。

[2] [清]俞理初《贞女说》，[清]俞正燮撰，于石、马君骅、诸伟奇校点：《俞正燮全集》（一），《癸巳类稿》卷十三，黄山书社2005年9月版，631页。

[3] [清]俞理初《节妇说》，[清]俞正燮撰，于石、马君骅、诸伟奇校点：《俞正燮全集》（一），《癸巳类稿》卷十三，黄山书社2005年9月版，629—630页。

[4] [清]俞理初《节妇说》，[清]俞正燮撰，于石、马君骅、诸伟奇校点：《俞正燮全集》（一），《癸巳类稿》卷十三，黄山书社2005年9月版，630页。

嫁者，敬礼之斯可矣"[1]。至于"妒"，他也不认为是女人的恶德，"谓女人妒为恶德者，非通论也"[2]，违背人之常情，是对女人的诬蔑，所以他表示："夫妇之道，言致一也。夫买妾而妻不妒，则是恝也，恝则家道坏矣。"[3]他的这番话道学家们或不爱听，却合于人情物理。

俞理初对于女子缠足亦持异见，他作《书〈旧唐书·舆服志〉后》一文，对中国人穿鞋缠足的历史做了一番详尽的梳辨考证，明代有人提出"古亦弓足"，他斥之为"鸡鸣狗吠，与人声相乱"[4]。他赞许清代明令禁止缠足，"有效他国裹足者重治其罪"[5]，并对"康熙六年，弛其禁"[6]表示遗憾。他指出，弓足小鞋本是古代舞伎穿的鞋，属于"贱服"，而"女

---

1 ［清］俞理初《节妇说》，［清］俞正燮撰，于石、马君骅、诸伟奇校点：《俞正燮全集》（一），《癸巳类稿》卷十三，黄山书社2005年9月版，631页。
2 ［清］俞理初《妒非女人恶德论》，［清］俞正燮撰，于石、马君骅、诸伟奇校点：《俞正燮全集》（一），《癸巳类稿》卷十三，黄山书社2005年9月版，632页。
3 ［清］俞理初《妒非女人恶德论》，［清］俞正燮撰，于石、马君骅、诸伟奇校点：《俞正燮全集》（一），《癸巳类稿》卷十三，黄山书社2005年9月版，634页。
4 ［清］俞理初《书〈旧唐书·舆服志〉后》，［清］俞正燮撰，于石、马君骅、诸伟奇校点：《俞正燮全集》（一），《癸巳类稿》卷十三，黄山书社2005年9月版，636页。
5 ［清］俞理初《书〈旧唐书·舆服志〉后》，［清］俞正燮撰，于石、马君骅、诸伟奇校点：《俞正燮全集》（一），《癸巳类稿》卷十三，黄山书社2005年9月版，643页。
6 ［清］俞理初《书〈旧唐书·舆服志〉后》，［清］俞正燮撰，于石、马君骅、诸伟奇校点：《俞正燮全集》（一），《癸巳类稿》卷十三，黄山书社2005年9月版，643页。

贱，则男贱"[1]，男子迫使女性缠足，以缠足为美，其实是把自己的配偶视为卑贱的玩物，最终只能自取其辱。古代以歌舞伎为贱业，也是一种歧视，如若历史地看，则关乎主客观双重因果。不过，人权、平等的确是俞理初的基本理念，对于传统的"四民观"，即士、农、工、商，以商为贱业，以"重农抑商""重本抑末"为国策，他都认为不妥，并直言："商贾，民之正业。"他嘲笑那些看到商人赚钱就犯"红眼病"的人目光短浅，"亦其识之未宏也"[2]。以当下人的眼光来看，俞理初的这些见解也许并不高端，或属于常人常识的范畴，但周作人说得很好："我们生于二十世纪的中华民国，得自由接受性心理的知识，才能稍稍有所理解，而人既无多，话亦难说，妇人问题的究极仍属于危险思想，为老头子与其儿子们所不悦，故至于今终未见又好文章也。俞君生嘉道时而能直言如此，不得不说是智勇之士，而今人之虚弱无力乃更显然无可逃遁矣。论理，我们现在对于男女问题应该有更深切的了解，可以发出更精到的议论来了，可是事实上还只能看到癸巳二稿的文章，而且还觉得很新很大胆，中国的情形是否真如幼稚的乐天家所想是'进化'着，向着天堂往前走，殊不能无疑。"当今离周作人说这番话的时代也有八十多年了，

---

1 [清]俞理初《书〈旧唐书·舆服志〉后》，[清]俞正燮撰，于石、马君骅、诸伟奇校点：《俞正燮全集》（一），《癸巳类稿》卷十三，黄山书舍2005年9月版，643页。

2 [清]俞理初《征商论》，[清]俞正燮撰，于石、马君骅、诸伟奇校点：《俞正燮全集》（一），《癸巳类稿》卷三，黄山书社2005年9月版，121—122页。

中国的情形究竟进步了多少,仍很难说。

俞理初是个"书破万卷,只青一衿"的文人学子,一生不曾为官,但困于书斋中的他,并非对外界的风云变幻、山雨欲来毫无感知。他用了很多精力研究北邻俄罗斯,也把目光投向西南边陲以及东南海疆,他对西北舆地和民族关系的研究也很引人瞩目。他还注意到鸦片输入可能给国家经济以及国民精神、身体造成的危害。《癸巳类稿》《癸巳存稿》两部书中收录很多他写的与国计民生有关的文章,为研究中国古代史、近代史保存了丰富的资料,并提供了独到的见解。有人把他的治学看作清代朴学向经世致用转变的重要标志,这并无不妥,至少他让我们看到了朴学内部自身演变的可能性。

俞理初之所以能够实现这种转变,与他持进化的古今观考察事物大有关系。或如蔡元培所说,"俞先生认一时代有一时代之见解与推想"[1],执古改今或以今证古,都非正途,都有可能成为谬误。这也就是俞理初说过的"学当知古今之分者"[2]。"夫知古而不知今,与知今而不知古,皆疏漏之说也。"[3]

---

1 蔡元培:《俞理初先生年谱跋》,蔡元培著,沈善洪主编:《蔡元培选集》下卷,浙江教育出版社 1993 年 11 月版,1172 页。
2 [清]俞理初:《与程君式金书》,[清]俞正燮撰,于石、马君骅、诸伟奇校点:《俞正燮全集》(二),《癸巳存稿》卷三,黄山书社 2005 年 9 月版,131 页。
3 [清]俞理初:《史记用盖天论》,[清]俞正燮撰,于石、马君骅、诸伟奇校点:《俞正燮全集》(一),《癸巳类稿》卷十,黄山书社 2005 年 9 月版,458 页。

他的这种思想特质突出表现在周作人所说的指斥莠书的精神，今先就《酷儒莠书》引以为例。其中讲道，春秋齐鲁夹谷之会，齐以兵来，鲁则以兵应之，《左传》是这么记载的，《史记·齐鲁世家》也是这么记载的。《榖梁传》则增加一事云："齐人使优施舞于鲁君之幕下，孔子曰：'笑君者，罪当死。'使司马行法为（焉），首足异门而出。"此后，《史记·孔子世家》、陆贾《新语》《后汉书·张升传》，都采用这种说法，俞理初认为，这是"委巷穷儒忮鳌之心无所泄，造此莠言，上诬圣人，不可训也。优人笑惑乃其职，于礼宜却之，于法无死罪"。而且，鲁怎么能杀齐优呢？如果真的这样做，是行不义而杀无辜，齐国完全可能因此而扣留鲁君，孔子不可能这样做。但这些儒生为了塑造孔子的所谓光辉形象，宁肯相信孔子做过这样的事，其实这是给孔子抹黑。

再讲一个"愚儒"的例子。朱弁《曲洧旧闻》云："建隆间，竹木务监官患所积材植长短不齐，乞翦截，俾齐整。太祖批其状曰：'汝手指能无长短乎，胡不截之使齐？长者任其自长，短者任其自短。'"朱弁的亲戚有人见过这个请示报告和批语，看来朱弁之言是可信的。而邵博《闻见录》则云："破大为小，何若斩汝之头乎？"他的说法已近于虚妄。王鞏《清虚杂著》就更离谱了："三司奏截大枋，太祖皇帝批其状曰：'截你爷的头！截你娘的头！'其爱物如此。"周密《齐东野语》则进一步发挥之："手指言文弱，无气象。太祖以三司请截模枋大材修寝殿，批曰：'截你爷头，截你娘头，别寻将来！'真大哉王言也。"俞理初不屑地说："此何王言气象？盖以《史记》汉高慢骂而仿以为书，其愚如此。"[1] 这种在历史叙事中道听途说、牵强附会、盲目轻信，随意为笔下人物添彩或抹黑的现象，现在恐怕也没有绝迹，且有愈演愈烈之势。

最后讲一个"悖儒"的例子。《吕氏春秋》言："汤克夏，大旱七年，乃以身祷于桑林，自以为牺牲，用祈于上帝。民乃大悦，雨乃大至。"《淮南子》言："汤时，天旱七年，卜以人祀。汤言我自当之，乃使人积薪，发及爪，自洁，居柴上，将自焚以祭天。火将然，即降大雨。"对此，俞理初痛加斥责："此凶年鼓乱之悖言也。"[2] 这种违背常识、违背常理的悖谬之言，恐怕只有这种"悖儒"才说得出口，而这种"酷儒""愚儒""悖儒"正多，他们不顾常识、常理，以矫情苟难为道，往往将圣贤装点成怪物，今天仍需警惕这类人物。

---

1 ［清］俞理初：《愚儒莠书》，［清］俞正燮撰，于石、马君骅、诸伟奇校点：《俞正燮全集》（二），《癸巳存稿》卷十四，黄山书社 2005 年 9 月版，607 页。
2 ［清］俞理初：《悖儒莠书》，［清］俞正燮撰，于石、马君骅、诸伟奇校点：《俞正燮全集》（二），《癸巳存稿》卷十四，黄山书社 2005 年 9 月版，611 页。

吕碧城拒绝秋瑾为哪般?

吕碧城与秋瑾虽然同为争取女性解放的先驱,

但她们所选择的道路却是完全不同的。

秋瑾在求女性解放的过程中,

把个人完全交付给民族解放的事业,

而吕碧城则更强调,

女性个人的自由解放先于国家、民族和家庭。

吕碧城拒绝秋瑾为哪般？

吕碧城与秋瑾同为清末特立独行的女性代表，都是叛逆传统，追求女性解放的先驱。秋瑾生于1875年（清光绪元年乙亥），吕碧城生于1883年（清光绪九年癸未），中间相差八岁。她们一个是浙江山阴（今绍兴市）人，生在福建厦门，一个是安徽旌德人，生在山西太原，差不多就是"人生不相见，动如参与商"。

谁道1904年初夏的一天，两个人却走到了一起，而倏忽又分开了。这两个人的人生道路，在这个点上遭遇之后，马上又各奔东西了。其中的奥妙耐人寻味。若干年后，吕碧城曾忆及此事：

> 都中来访者甚众，秋瑾其一焉。据云彼亦号碧城，都人士见予著作谓出彼手，彼故来津探访。相见之下，竟慨然取消其号，因予名已大著，故让避也。犹忆其名刺为红笺"秋闺瑾"三字，馆役某高举而报曰："来了一位梳头的爷们！"盖其时秋作男装而仍拥髻，长身玉立，双眸炯然，风度已异庸流。主人款留之，与予同榻寝。次晨，予睡眼朦胧，睹之大惊，因先瞥见其官式皂靴之双足，认为男子也。彼方就床头匧小奁敷粉于鼻。嗟乎！当时讵料同寝者，他日竟喋血饮刃于市耶！彼密劝同渡扶桑，为革命运动，予持世界主义，同情于政体改革，而无满汉之见。交谈结果，彼独进行，予任文字之

役。彼在东所办《女报》，其发刊词即予署名之作。后因此几同遇难，竟获幸免者，殆成仁入史亦有天数存焉。[1]

这里也许有必要介绍一下吕碧城的情况。她生在一个官宦世家，父亲吕凤岐为清光绪三年（1877）进士，做过国史馆协修及山西学政，家中藏书甚丰。母亲严士瑜亦能诗文，这是吕碧城很小就能接受良好家庭教育的客观条件之一。吕凤岐生有四女二男，二男均早殇。四个女孩儿中，吕碧城排行老三。不幸的是，吕凤岐在吕碧城12岁那年突然中风猝死，终使这个家庭"无后"的隐忧演化成现实的悲剧。族人为争继嗣，霸占家产，竟将其母女幽禁，并以"灭门"相威胁。为此，自幼定亲的汪姓人家亦强行解除婚约。为了保全膝下孤女免遭毒手，母亲不得已只能将家产放弃，带着几个女儿远走皖东来安的娘家就食，一家人才算躲过此劫。多年后，吕碧城仍以"众叛亲离，骨肉齮龁，伦常惨变"[2]来描述当时所发生的那一幕人间惨剧。

当时，吕碧城的舅父严凤笙（朗轩）在天津塘沽办理盐

---

[1] 吕碧城：《欧美漫游录（鸿雪因缘）》之《予之宗教观》，吕碧城著，李保民校笺：《吕碧城集》（上），上海古籍出版社2015年8月版，442页。
[2] 吕碧城：《欧美漫游录（鸿雪因缘）》之《予之宗教观》，吕碧城著，李保民校笺：《吕碧城集》（上），上海古籍出版社2015年8月版，443页。

政，任盐运使。不久，吕碧城即"奉母命往依之"[1]。在舅父家里有六七年，她过得还算平静，虽有寄人篱下之憾，但毕竟受到了"较优之教育"[2]，她自己也很努力，发愤为学，刻苦读书。然而，一个偶然的机会，这种表面的平静就被一枚"石子"击破了。她曾讲到那天的情形："塘沽距津甚近，某日舅署中秘书方君之夫人赴津，予约与同往探访女学。濒行，被舅氏骂阻，予忿甚，决与脱离。"[3]这似乎是说，吕碧城不满意家塾这种读书方式，想到天津探访一下有没有入女学读书的可能，却遭到舅父的竭力反对并阻止她出行，还骂了她。

她无论如何不能接受舅父这种蛮横无理的做法。而青少年时期所经历的一系列磨难，也造就了她独立不羁的性格。也许是基于一时的愤慨，也许是长期寄人篱下投射在心里的阴影，吕碧城在忍无可忍之际，选择了反抗。于是，第二天，她便不辞而别，登上火车，逃离了舅父家。在火车上，她遇到一位好心人——佛照楼土妇，把她带到了天津。此时的她，"不惟无旅费，即行李亦无之。年幼气盛，铤而走险"[4]。到了

---

[1] 吕碧城：《欧美漫游录（鸿雪因缘）》之《予之宗教观》，吕碧城著，李保民校笺：《吕碧城集》（上），上海古籍出版社2015年8月版，441页。

[2] 吕碧城：《欧美漫游录（鸿雪因缘）》之《予之宗教观》，吕碧城著，李保民校笺：《吕碧城集》（上），上海古籍出版社2015年8月版，441页。

[3] 吕碧城：《欧美漫游录（鸿雪因缘）》之《予之宗教观》，吕碧城著，李保民校笺：《吕碧城集》（上），上海古籍出版社2015年8月版，441页。

[4] 吕碧城：《欧美漫游录（鸿雪因缘）》之《予之宗教观》，吕碧城著，李保民校笺：《吕碧城集》（上），上海古籍出版社2015年8月版，441页。

天津，才知先于她到达天津的方夫人，住在大公报馆，就写了一封信倾诉自己的愤懑和窘况。不想这封信被大公报的总理英敛之看到了，她的才华很为英氏所赏识，乃亲自邀她与方夫人同居，并给她安排了一份工作，委任她做了大公报的编辑。据《英敛之先生日记》1904年5月8日记载："晡，接得吕兰清女史一束，予随至同升栈邀其去戏园，候有时，同赴园，予遂回馆。少秋来。晚请吕女史移住馆中，与方夫人同居，予宿楼上。"[1]

吕碧城在天津安顿下来。虽然入学读书一事尚无着落，但《大公报》却给了她展示才华的平台。自5月10日开始，她的诗词陆续见于报端，引起海内外同好甚至名流的响应，奉和之作络绎不绝寄至报馆。5月20日、21日，她的《论提倡女学之宗旨》一文在《大公报》连载，她大声疾呼，力倡女学，时人赞为"破晓之钟""渡迷之筏"[2]。过了许久，大约是民国初年，她在《与某先生书》中还曾提及这件事："甲辰（1904）之岁，北方女学，尚当草昧未辟之时，鄙人浪迹津沽，征诸同志，将有创办女学之举，恐绵力之难济也，抒其

---

[1] 转引自吕碧城：《致英淑仲书》，吕碧城著，李保民校笺：《吕碧城集》（下），上海古籍出版社2015年8月版，456页。

[2] 转引自吕碧城：《论提倡女学之宗旨》附录津门刘孟扬《书碧城女史论提倡女学之宗旨后》，吕碧城著，李保民校笺：《吕碧城集》（下），上海古籍出版社2015年8月版，463页。

匀论，假报纸游说于当道。"[1]据说，某先生即民国国务总理唐绍仪，当时任职天津海关道，督办税务，他答应每月"由筹款局提百金作经费"[2]，是最早出面支持吕碧城办学的。随后，社会名流英敛之、方药雨、傅增湘等，乃至直隶总督袁世凯、直隶学务部总办严修等，亦积极参与筹办。很快，不迟于当年冬季，近代中国最早创办的女学之一，北洋女子公学宣告成立，年仅21岁的吕碧城出任总教习。这期间，据吕碧城多年后回忆："舅闻之，方欲追究，适因事被劾去职。直督袁公委彼助予筹办女学，舅忍气权从，未几辞去。"[3]舅舅给外甥女做助手，固难以久居其下，为了面子，选择离开是必然的。

秋瑾是在吕碧城初到《大公报》不久，提出要与吕碧城见面的。秋瑾亦曾号碧城，当时在京津一带已有文名，又是女界革命的活跃分子，因此，当署名"碧城"的诗文不断出现在《大公报》的时候，朋友们都以为是秋瑾所为，这也引起了秋瑾本人的好奇心，于是，她通过"润沅"函告英敛之，声称将自京来津会晤这位"碧城"。恰好这天吕碧城回塘沽

---

[1] 吕碧城：《与某先生书》，吕碧城著，李保民校笺：《吕碧城集》（下），上海古籍出版社2015年8月版，509页。
[2] 见《英敛之先生日记》一九〇四年六月初六日所载，转引自吕碧城《与某先生书》，吕碧城著，李保民校笺：《吕碧城集》（下），上海古籍出版社2015年8月版，509页。
[3] 吕碧城：《欧美漫游录（鸿雪因缘）》之《予之宗教观》，吕碧城著，李保民校笺：《吕碧城集》（上），上海古籍出版社2015年8月版，442页。

了，英夫人淑仲就给吕碧城写了一封信，讲了秋碧城要来与她会晤的消息。吕碧城当即给英夫人写了回信，其中写道：

> 所云秋碧城女史，同时而同字，事亦甚奇。惟伊生于名地，阅历必深，自是新学中之矫矫者。若妹则幼无父兄指授，僻处乡隅，见闻狭隘，安敢望其肩背。然既属同志，亦愿仰瞻风范，但未识其性情能与我辈相合否？伊到津时，望即函示。[1]

秋瑾直到6月10日才来到天津与吕碧城相会。是日《英敛之先生日记》所记甚详："十点，秋闺瑾女由京来，其夫王之芳及秦□□偕来，留午饭。予同王、秦单间房。饭后，秋留馆，王、秦等去。晚，傅润沅来，谈极久，去。秋与碧同屋宿。"[2] 二人此番相聚，同处不足四天，却结下了深厚的友谊，尤其是秋瑾主动放弃其号的慷慨举动，让吕碧城大为感动，由衷敬佩。但秋瑾邀她同赴日本，从事革命运动，却没有得到她的响应。鉴于二人政治立场不同——世界主义与民族主义、种族革命与政体改革、无满汉之见与反满排满——吕碧城仅向秋瑾承诺"任文字之役"。1907年1月，秋瑾在上

---

1 吕碧城：《致英淑仲书》，吕碧城著，李保民校笺：《吕碧城集》（下），上海古籍出版社2015年8月版，455页。
2 转引自李保民：《吕碧城年谱》，吕碧城著，李保民校笺：《吕碧城集》（下）附录六，上海古籍出版社2015年8月版，805页。

海创办《中国女报》，因集资困难，仅出两期就被迫停刊。吕碧城为创刊号写了《发刊词》，第二期又发表了她的《女子宜急结团体论》，算是履行了自己的诺言。1907年7月，秋瑾遇难，吕碧城也因曾在《中国女报》发表文章而受到牵连，险遭不测。据说还是袁世凯出面，才使她化险为夷。后来，她与朋友游西湖，瞻仰秋瑾墓，还作过《西泠过秋女侠祠次寒云韵》，寒云即袁世凯次子袁克文，号寒云。诗是这么写的：

> 松篁交籁和鸣泉，合向仙源泛舸眠。
> 负郭有山皆见寺，绕堤无水不生莲。
> 残钟断鼓今何世，翠羽明珰又一天。
> 尘劫未销惭后死，俊游愁过墓门前。[1]

这首诗所表达的情感是相当复杂的，与通常我们所见的那些悼诗、赞诗、遣怀诗、凭吊诗完全不同，虽然也表示"惭后死"，但诗中绝无革命志士的那种慷慨悲歌，壮怀激烈，倒是能感受到一点蕴含着的惋惜和彻悟，乃至难以明说的慨叹。显而易见的是，吕碧城与秋瑾虽然同为争取女性解放的先驱，但她们所选择的道路却是完全不同的。秋瑾在求女性解放的过程中把个人完全交付给民族解放的事业，而吕碧城则更强调女性个人的自由解放先于国家、民族和家庭。她在

---

1 吕碧城著，李保民校笺：《吕碧城集》（上），上海古籍出版社2015年8月版，283页。

《论提倡女学之宗旨》的结论中指出："民者，国之本也；女者，家之本也。凡人娶妇以成家，即积家以成国。故欲固其本，宜先树个人独立之权，然后振合群之力。盖无量境界，无量思想，无量事业，莫不由此一身而造，此身为合群之原质。若此身无独立之气，虽使合群，设遇攻敌，终不免有解散败坏之虞。故独立者，犹根核也；合群者，犹枝叶也。有根核，方能发其枝叶，藉枝叶以庇其根核。二者固有密接之关系，而其间复有标本之判别，窃冀览者毋河汉焉。"[1]明乎此，则吕碧城拒绝秋瑾固在预料之中。

---

[1] 吕碧城著，李保民校笺：《吕碧城集》（下），上海古籍出版社2015年8月版，462页。

一场诉讼：百年之后再评说

任何一个时代,

总会有人坚持一些不合时宜的东西,

如果是一个很有包容度的社会,

就应该允许不同的声音存在,

不能一见到异己的人事,

就打算除之而后快。

一百余年前，民国六年丁巳（1917），新文化运动在北京兴起。胡适、陈独秀等发起"文学革命"，主张以白话文替代古文，引起舆论大哗。在群疑莫释之际，一位年近古稀的老人"独出面非难"[1]，并在随后的两年里，与"新青年"群体唇枪舌剑，打了一场笔墨官司，遂酿成了北京文坛上人所共知的一桩公案。这位老人就是清末民初以汉译欧美小说而享誉文坛的古文家林纾。

林纾，字琴南，号畏庐，别署冷红生，福建闽县（今福建福州市）人。自民国二年癸丑（1913）辞去北京大学讲习，他便以卖画卖文自给，闲居北京。他的古文被归入桐城一派，有人甚至称他与严复同出桐城大家吴汝纶门下，为桐城派之嫡传[2]，尽管他并不十分认可。钱基博先生有一段话说得好：

> 初纾论文持唐宋，故亦未尝薄魏晋。及入大学，桐城马其昶、姚永概继之；其昶尤吴汝纶高第弟子，号为能绍述桐城家言者；咸与纾欢好。而纾亦以得桐城学者之盼睐为幸；遂为桐城张目，而持韩、柳、欧、苏之说益力！既而民国兴，章炳麟实为革命先觉；又能识别古

---

[1] 王森然：《近代名家评传（初集）》，生活·读书·新知三联书店1998年11月版，90页。

[2] 王森然：《近代名家评传（初集）》，生活·读书·新知三联书店1998年11月版，89页。

书真伪，不如桐城派学者之以空文号天下！于是章氏之学兴，而林纾之说熸！纾、其昶、永概咸去大学；而章氏之徒代之。纾愤甚！[1]

这段话包含了很多信息，至少我们可以了解，林纾是个讲义气、率性而为的人，他力挺桐城派，恰与桐城派的朋友欣赏他不无关系，以至于不惜改变自己的观点。钱基博说他"晚年昵于马其昶、姚永概，遂为桐城护法；昵于陈宝箴、郑孝胥，遂助西江张目。然'侈言宗派，收合徒党，流极未有不衰！'纾固明知而躬蹈之者；毋亦盛名之下，民具尔瞻；人之借重于我，与我之所以借重于人者，固自有在；宗派不言而自立，党徒不收而自合，召闹取怒，卒丛世诟！则甚矣盛名之为累也！"[2]。

无论如何，林纾能为桐城派放弃北京大学的教职，这个举动是颇见其性情的。不过，其中也有他个人的原因。他在《畏庐琐记·刍狗》中曾经讲到辞去北京大学教席的一些原委：

《庄子》："夫刍狗之未陈也，盛以箧（《庄子》作箧）衍，巾以文绣，尸祝斋戒以将之。及其已陈也，行者践

---

1 钱基博：《林纾的古文》，薛绥之、张俊才编：《林纾研究资料》，福建人民出版社1983年6月版，183页。
2 薛绥之、张俊才编：《林纾研究资料》，福建人民出版社1983年6月版，187页。

其首，苏者取而爨之而已。"陆德明注："刍狗结刍为狗，巫祝用之。"犹言物之适用时，虽刍狗贵也。余为大学教习十年，李（家驹）、朱（益藩）、刘（廷琛）、严（复）四校长，礼余甚至。及何某（燏时）为校长时，忽就藏书楼取余《理学讲义》，书小笺与掌书者曰："今之刍狗也，可取一分来。"掌书告余，余笑曰："校长此言，殆自居为行道之人，与樵苏者耳。吾无伤也。"即辞席。已而何君为学生拳殴，受大戮辱。呜呼！此真践其首，且爨之矣。[1]

这里提到，李、朱、刘、严担任校长时，林纾一直是受到礼遇的。而何当了校长之后，就不很客气了，有时还故意挑毛病，找别扭。这位何校长的大名叫何燏时，字燮侯，浙江诸暨人。据说，他取代严复担任北京大学校长后，重用浙江人，对非浙江人则予以排挤，遂造成了章太炎弟子与林纾等人的不合，最终导致了林纾、姚永概（时任北京大学文科教务长）、马其昶相继辞职。姚永概南归桐城后，林纾写信给他，毫不客气地把章氏的追随者讽刺挖苦一番，以泄其私愤。他说："敝在庸妄钜子，剽袭汉人余唾，以捫扯为能，以钉饾为富，补缀以古子之断句，土苴以说文之奇字，意境义法，概置弗讲，奢言于众：'吾汉代之文也。'伧人入城，购缟

---

[1] 林纾：《刍狗》，林纾著，王红军校注：《畏庐琐记》，漓江出版社2013年9月版，157—159页。

绅残敝之冠服,袭之以耀其乡里,人即以缙绅目之,吾弗敢信也。"[1]

讲了这么多,意在说明林纾与桐城派的关系。在他身上,有一种捍卫古文的自觉,他不允许别人诋毁古文,尤为推崇韩、柳、欧、苏,为此不惜与崇尚魏晋文章的章太炎及其弟子结怨。因此,当《新青年》诸君发起"文学革命",倡言古文当废、白话文将兴的时候,林纾绝不能坐视有人向他心目中最为神圣的古文泼脏水而无动于衷。他要站出来表明态度,几乎是毫无悬念的。

这桩公案,在后来的文学史论中,更多地被描述为以林纾为代表的顽固守旧势力对以《新青年》诸君为代表的进步势力发动的"反扑"[2]。郑振铎在民国二十四年乙亥(1935)所编《中国新文学大系·文学论争集》的"导言"中,就曾详尽地描述了守旧文人对"新青年"们所倡导的"文学革命"的反应。他把守旧文人的反应分为三个阶段:"他们始而漠然若无睹;继而鄙夷若不屑与辩;终而却不能不愤怒而诅咒着

---

[1] 林纾:《畏庐续集》序,转引自张旭、车树昇编著:《林纾年谱长编》,福建教育出版社 2014 年 9 月版,217 页。
[2] 中南七院校编著:《中国现代文学史》第一编第一章第二节,长江文艺出版社 1979 年 10 月版,转引自薛绥之、张俊才编:《林纾研究资料》,福建人民出版社 1983 年 6 月版,381 页。

了。"[1] 在他看来，林纾的出场是在第三阶段，即《新青年》诸君因为寂寞而自编自导了一出"苦肉计"之后。他说，由于林纾放了"反对的第一炮"，"真正有力的反抗运动也便来了"[2]。

实际情况是不是这样呢？当然不是这样。民国六年丁巳（1917）一月，胡适在《新青年》第 2 卷第 5 号发表了《文学改良刍议》。若干年后，在回顾这段历史时，他自称这篇文章是"文学革命的宣言"[3]。当月，钱玄同看了胡适的文章，遂致函胡适，表示声援，著名的"选学妖孽，桐城谬种"之称谓，就是此公在这封信中的一项发明。二月，《新青年》第 2 卷第 6 号发表了陈独秀的《文学革命论》。这是一篇战斗的檄文，作者以更加激进的姿态，决不妥协的态度，公开宣称"文学革命"的不可避免和"不容他人之匡正"[4]。在这篇文章中，他将矛头直接指向"十八妖魔"，即明清两朝十八位古文大家，他们是前七子：李梦阳、何景明、徐祯卿、康海、王九思、边贡、王廷相；后七子：李攀龙、王世贞、谢榛、宗臣、梁有誉、吴国伦、徐中行；以及归有光、方苞、刘大櫆和姚鼐，而归、方、刘、姚皆可称为林纾的"祖师爷"。陈独秀不无豪

---

[1] 郑振铎：《中国新文学大系·文学论争集》导言，郑振铎编选：《中国新文学大系·文学论争集》，上海文艺出版社影印本，2003 年 7 月版，5 页。
[2] 郑振铎：《中国新文学大系·文学论争集》导言，郑振铎编选：《中国新文学大系·文学论争集》，上海文艺出版社影印本，2003 年 7 月版，6 页。
[3] 耿云志：《胡适年谱》，中华书局（香港）1986 年 6 月版，45 页。
[4] 耿云志：《胡适年谱》，中华书局（香港）1986 年 6 月版，46 页。

迈地表示："有不顾迂儒之毁誉，明目张胆以与十八妖魔宣战者乎？予愿拖四十二生的大炮，为之前驱！"[1]

这是一种门前叫阵的节奏，"逼"得林纾不得不起而抗争。二月一日，林纾在天津《大公报》之《特别记载》栏发表短文《论古文之不宜废》，随后，又将该文刊载于2月8日的上海《民国日报》。不过，林纾的这篇文章并没有论战的意味，没有半点火气，有的只是循循诱导，谆谆告诫。由于目前所能见到的林纾文集均未收此文，而文亦不长，故录之以备考：

> 文无所谓古也，唯其是。顾一言是，则造者愈难。汉、唐之《艺文志》及《崇文总目》中文家林立，而何以马、班、韩、柳独有千古？然则林立之文家均不是，唯是此四家矣。顾寻常之笺牒简牍，率皆行之以四家之法，不惟伊古以来无是事，即欲责之以是，亦率天下而路耳。吾知深于文者万不敢其设此论也。然而一代之兴，必有数文家撐拄于其间，是或一代之元气盘礴郁积发泄而成。至文犹大城名都，必有山水之胜状，用表其灵淑之所钟。文家之发，显于一代之间，亦正类此。呜呼！有清往矣，论文者独数方、姚，而攻掊之者麻起，而方、

---

[1] 陈独秀：《文学革命论》，生活·读书·新知三联书店编辑：《陈独秀文章选编》（上），生活·读书·新知三联书店1984年6月版，175页。

姚卒不之踣，或其文固有其是者存耶？方今新学始昌，即文如方、姚，亦复何济于用？然而天下讲艺术者仍留古文一门，凡所谓载道者皆属空言，亦特如欧人之不废腊丁耳。知腊丁之不可废，则马、班、韩、柳亦自有其不宜废者。吾识其理，乃不能道其所以然。此则嗜古者之痼也。民国新立，士皆剽窃新学，行文亦泽之以新名词，夫学不新而唯词之新，匪特不得新且举其故者而尽亡之。吾甚虞古系之绝也。向在杭州，日本齐藤少将谓余曰：敝国非新，盖复古也。时中国古籍如䕶宋楼之藏书，日人则尽括而有之。呜呼！彼人求新，而惟旧之宝；吾则不得新，而先陨其旧。意者后此求文字之师，将以厚币聘东人乎？夫马、班、韩、柳之文，虽不协于时用，固文字之祖也。嗜者学之，用其浅者以课人，转转相承，必有一二钜子出肩其统，则中国之元气，尚有存者。若弃掷践唾而不之惜，吾恐国未亡而文字已先之，几何不为东人所笑也？[1]

这里，既有规劝，也有担忧，更有期待。他说，文无古今，只有优劣，优秀的文章，总是有恒久之魅力的。再看欧洲的文艺复兴，他们的"古文"拉丁文并未因此而废除。他不明白，为什么中国的这些追随欧洲文艺复兴的年轻人要表

---

[1] 林纾：《论古文之不宜废》，江中柱：《〈大公报〉中林纾集外文三篇》，《文献》2006年第4期，83—84页。

现得如此极端！其结果，新既不得，旧亦丢失，岂不痛哉！而百年来，新兴的白话文中不中、西不西的混血儿面貌，恰好证明了林纾并非杞人忧天。放眼看去，这种破败的景象又岂止是文章？文学、戏剧、音乐、美术，举凡文化艺术之种种，不伦不类者比比皆是，中国之元气、文脉，几不知所终。

尽管林纾表现得十分恳切，然而，《新青年》诸君似乎并不为所动。三月，钱玄同致函陈独秀，继续诋毁林纾。他说："某氏（指林纾）与人对译欧西小说，专用《聊斋志异》文笔，一面又欲引韩、柳以自重；此其价值，又在桐城派之下，然世固以'大文豪'目之矣。"[1]这话听起来已有点酸溜溜的。四月，胡适从美国致函陈独秀，提到了林纾的《论古文之不宜废》。他先是表示林文不足以"供吾辈攻击古文者之研究"，让他"大失所望"；继而，又指责文中"而方、姚卒不之踣"一句，以为"不合文法，可谓'不通'"。他特别拎出林文中的一句话："吾识其理，乃不能道其所以然"，煞有介事地指出："此正是古文家之大病。古文家作文，全由熟读他人之文，得其声调口吻。读之烂熟，久之亦能仿效。却实不明其'所以然'。"[2]殊不知，林纾的本意并不在此。他不过想说，欧洲人对希腊拉丁文并未废弃不用，马、班、韩、柳也

---

[1] 张旭、车树昇编著：《林纾年谱长编》，福建教育出版社2014年9月版，277页。
[2] 胡适：《寄陈独秀》，胡适著，季羡林主编：《胡适全集》第一卷，安徽教育出版社2003年9月版，26—27页。

有不宜废弃的道理，这个道理都明白，但背后的理由却说不清楚。哪里有如"留声机"模仿古人之意？

胡适之后，挑剔林文文法、句法不通，竟成为《新青年》诸君攻击林纾的重要手段。五月，刘半农的《我之文学改良观》在《新青年》第3卷第3号发表，其中一段批评林译小说《巴黎茶花女遗事》，也用了这种手段。他言道："近人某氏译西文小说，有'其女珠，其母下之'之句。以'珠'字代'胞珠'，转作'孕'字解，以'下'字作'堕胎'解。吾恐无论何人，必不能不观上下文而能明白其意者。是此种不通之字，较诸'附骥''续貂''借箸''越俎'等通用之典，尤为费解。"[1]

对于《新青年》诸君的愤愤不平，林纾似乎并未在意。在这期间，他把自己关在家中，译书、作画、写诗、浇花，以排遣苦闷的心情。不过，他的苦闷似与几个激进青年一时的过激言论无关。在另一场合他曾说过："此等鼠目寸光，亦足啸引徒类，谬称盟主，仆尚何暇而与之争？"倒是纷乱如斯的时局，让他深感不安。他看到袁世凯称帝不成，张勋复辟亦遭失败，更兼南北对峙，议员纷争，军阀混战，"共和"无望，遂"终日杜门不面一客，亦不闻一事"。他甚至庆幸老

---

[1] 刘半农：《我之文学改良观》，张宝明、王中江主编：《回眸〈新青年〉：语言文学卷》，河南文艺出版社1998年5月版，283页。

天所赐"聋聩之疾",在他看来,"得一日清净,即为一日之福"。这一年的七八月间,他应梅兰芳之邀作画题词,一阕《一剪梅》,道出了他此时的心情:

> 斜日凭窗修旧谱。香篆风柔,竹晕凉收。绿杨绾住笛家楼。到一分秋,添一分愁。
> 离殿当年忆旧游。曲按梁州,人似房州。许多前事聚心头。擘尚轻瓯,放下帘钩。[1]

恰如鲁迅先生所说,"他们许是感到寂寞了"[2]。民国七年戊午(1918)三月十五日,在刚刚出版的《新青年》第4卷第3号上,钱玄同与刘半农上演了一出"双簧戏"。钱玄同托名王敬轩,写了《王敬轩君来信》,模仿林纾崇拜者的口吻,褒扬林纾而贬抑"新青年"。同时发表刘半农复信,信中逐一批驳王敬轩的观点,并且用了揶揄、嘲弄、刻薄的语调。事后有人写信质问《新青年》,对于王敬轩的议论,肆意辱骂,是不是有悖自由讨论的学理?也有人责备刘半农"尤为狂妄",不该在复信中"大昌厥词,肆意而骂之",甚至称《新

---

1 张旭、车树昇编著:《林纾年谱长编》,福建教育出版社2014年9月版,283页、285页、288页。
2 鲁迅《呐喊》自序,鲁迅:《鲁迅全集》第一卷,人民文学出版社1981年版,419页。

青年》诸君为"狂徒"[1]。此后,胡适、陈独秀亦在文章和议论中,或指名道姓,或含沙射影,一而再再而三地挑林纾的毛病。然而,在这一年当中,林纾似乎没有再就这个问题谈过任何看法,我们也不知道挨骂挨到这个份儿上,他有什么感受。唯一的例外是在参与编撰《文学常识》一书时,他在写给上海中华编译社社长的信中,再次提及自己在北大与章太炎弟子的不和:

> □□一生,好用奇字,袭取子书断句,以震炫愚昧之目。所传谬种,以《说文》入手,于意境义法,丝毫不懂。昔大学堂预科熊生,公然在讲堂与之抵抗,教习为沈君,然即□□高弟也。因其宣讲时,将古文略说一遍,即抽出一两字,用《说文》参考,或作籀文,说到极处,只不外换字之一法,于学生终无益处。……□□弟子之言,特为其师报复,不足怪也。[2]

此处□□大约即代指"太炎"或"炳麟",而"沈君",则很有可能就是沈兼士。由此推测,林纾之所以不直接回应《新青年》诸君的批评,原因之一,怕是不愿与晚辈为此多有纠缠。他觉得,这不过是章太炎的弟子为老师出头"拔创"

---

[1] 张旭、车树昇编著:《林纾年谱长编》,福建教育出版社2014年9月版,297—298页。
[2] 张旭、车树昇编著:《林纾年谱长编》,福建教育出版社2014年9月版,301页。

罢了,"不足怪也"。然而,进入民国八年己未(1919)之后,围攻林纾的势力似有扩大的趋势,先是周氏兄弟加入进来,随后又有北大学生如傅斯年、罗家伦亦混迹其中,阵地则除《新青年》外,又增加了新创办的《每周评论》,连篇累牍地发表"批林"文章,三月三十日的第15期,还出了"批林"专号。

林纾就是在这个时候站出来"正其非"的。二月十七日至十八日,作为林纾攻击《新青年》"呈堂证供"之一的短篇小说《荆生》,发表于《新申报》的《蠡叟丛谈》。随后的几十天里,林纾又陆续发表了小说《妖梦》,以及《致蔡鹤卿太史书》和《林琴南再答蔡鹤卿书》两封信;至四月,《腐解》和《论古文白话之相消长》两篇名文亦相继问世,从而构成了林纾反对"文学革命"的全部证据。恰在此时,却又出现了政治势力要来干涉北京大学,驱逐甚至逮捕陈独秀、胡适等人的传言。而林纾的学生张厚载正为上海《神州日报》主持一个《半谷通信》的栏目,传播来自北京的消息,遂将此事写成通讯,刊登在报纸上。

张厚载的出现使得此事偏离了最初的运行轨道。他本是林纾早年在五城学堂时的学生,当时正在北大法科就读。数月前,他应胡适之邀,作了一篇《我的中国旧戏观》,被胡适"引蛇出洞",导致《新青年》诸君群起而攻之。然而,他是否因此而心存芥蒂，我们并不晓得，陈独秀却认定了他是"藉传播谣言来中伤异己"[1]。这对张厚载来说，或为诛心之论。不过，在这桩"公案"中，毕竟少不了他的身影。说起来，发表小说《荆生》的专栏《蠡叟丛谭》，还是张厚载应《新申报》主笔之邀，动员林纾开办的，《荆生》《妖梦》等小说，也是经他手寄给报社的。对于一直期待着"有力的敌人""真正有力的反抗"[2]的胡适们来说，这两篇小说给了他们深深的刺激，也给了他们特别的联想，甚至将荆生与安福系的徐树铮联系起来。陈独秀在《每周评论》第13号以"只眼"的笔名发表《关于北京大学的谣言》一文，就有这样的提示，他说："他所崇拜、所希望的那位伟丈夫荆生，正是孔夫子不愿会见的阳货一流人物。"[3]

诚然，这两篇小说都用了讽刺的笔法，兼及戏谑，其主旨就在于要为礼教和古文张目，影射攻击诋毁孔子、诋毁古文的新文人。在《荆生》中，他讲述了三个青年义人结伴同游京城陶然亭的遭遇。这三个人，一为皖人田其美（影射陈独秀），一为浙人金心异（影射钱玄同），还有一个"不知其

---

[1] 陈独秀：《关于北京大学的谣言》，生活·读书·新知三联书店编辑：《陈独秀文章选编》（上），生活·读书·新知三联书店1984年6月版，364页。

[2] 郑振铎：《中国新文学大系·文学论争集》导言，郑振铎编选：《中国新文学大系·文学论争集》，上海文艺出版社影印本，2003年7月版，6页。

[3] 陈独秀：《关于北京大学的谣言》，生活·读书·新知三联书店编辑：《陈独秀文章选编》（上），生活·读书·新知三联书店1984年6月版，363页。

何许人"的狄莫（影射胡适）。他们在此谈笑风生，对孔子、伦常和古文肆意攻击，结果惹恼了住在隔壁的侠客荆生。他破壁而出，指定三人，怒斥一番。田生尚欲抗辩，伟丈夫将其痛打一顿，赶下山去。小说后面有"蠡叟曰"，道出了他的一些想法。据说，此事是门人李生（怕是张生，一笑）告诉他的："李生似不满意于此三人，故矫为快意之言，以告余。"他听了觉得颇为好笑，认为"荆生良多事"，并提到他的两次经历，来说明"禽兽自语，于人胡涉"，但又考虑到，"或者李生有托而言，余姑录之，以补吾丛谈之阙"[1]。

《妖梦》的主旨与《荆生》相近。小说讲述一个名叫郑思康的陕西人，梦见一个长髯之人，邀他同游阴曹地府。他们来到一座城市，迎面一所白话学堂，门外大书一联云："白话通神，《红楼梦》《水浒》，真不可思议；古文讨厌，欧阳修、韩愈，是甚么东西。"走进二门，见匾上大书"毙孔堂"三字，并有一联写道："禽兽真自由，要这伦常何用；仁义太坏事，须从根本打消。"这时，学堂里走出三位先生，都是"鬼中之杰出者"，一位是校长元绪（影射蔡元培），一位是教务长田恒（影射陈独秀），另一位是副教务长秦二世（即胡亥，影射胡适）。谈话间，他们一再咒骂孔子，攻击伦常，贬损古文，赞美白话，把这位思康气得目瞪口呆，赶紧离开此地。

---

[1] 林纾：《荆生》，薛绥之、张俊才编：《林纾研究资料》，福建人民出版社1983年6月版，81—82页。

行不数里,"忽见金光一道,远射十数里",原来是能啖食月亮之罗睺罗阿修罗王驾到,"见王身长十余丈,张口圆径可八尺,齿巉巉如林,直扑白话学堂,攫人而食。食已大下,积粪如丘,臭不可近"。林纾听了郑思康讲述他的梦中见闻,大呼"快哉",且表示:"果如是者,国家承平矣。"文末又借"蠡叟"的口说:"吾恨郑生之梦不实,若果有啖月之罗睺罗王,吾将请其将此辈先尝一脔也。"[1]

很显然,这篇《妖梦》骂"鬼中三杰",要比《荆生》骂三个青年书生粗鲁得多,也刻薄得多。比如,他形容田恒,"二目如猫头鹰,长喙如狗";而秦二世则"似欧西之种,深目而高鼻",都极尽丑化之能事,以发泄他对新文人的积怨和不满。不过,他借蠡叟之言为"死文字"所作辩护,却不能说没有道理。他以欧洲的拉丁文、罗马希腊的古文为例,认为文字不是哪个人想灭就能灭的,英国大师迭更不能灭拉丁文,以田恒一人之力,也灭不了占义,虽然他宣判古文为"死文字"。他指出:"作白话须先读书明理,说得通透,方能动人。若但以白话教白话,不知理之所从出,则骡马市引东洋车之人,亦知白话,何用教耶?"更让他痛心疾首的是"家庭革命之说"。在他看来,如果"以背叛伦常为自由,何人不

---

[1] 林纾:《妖梦》,薛绥之、张俊才编:《林纾研究资料》,福建人民出版社1983年6月版,83—85页。

逐流而逝，争趋禽兽一路"？也就是说，背伦常等于为禽兽。[1]

在此期间，他还以"清室举人"的身份写信给"为民国宣力"的蔡元培，请他以北大校长的身份，约束属下文科学长陈独秀，教授钱玄同、刘半农等激进人物，"为士林表率，须圆通光大，据中而立，方能率由无弊"。他看到"名教之孤悬，不绝如缕"，则"望我公为之保全而护惜之"。他的这封信语带刻薄，问题还是两个，一是伦常不能废，二是古文不能废。在这里，他提出一个十分尖锐的问题，即中国的积贫积弱能不能归罪于孔子？他的答案自然是否定的。他向蔡元培坦白了心中的疑惑："晚清之末造，慨世者恒曰：去科举，停资格，废八股，斩豚尾，复天足，逐满人，扑专制，整军备，则中国必强。今百凡皆遂矣，强又安在？"他这一问是很有力的，绝非无理取闹。有心人应该好好想一想，为什么我们做了该做的一切，人们所许诺的中国的强大仍然遥遥无期？究竟是中国的文化有问题，还是我们的思路有问题？不过，这样的问题在当时并不能引起人们的重视，相反，他们看到的却是"革命"的不彻底，"于是更进一解"，又把中国进步这一宝，压在"覆孔孟，铲伦常"上。他很不能理解，为什么"儿子"有病，不求良医，却责怪父母有病而欲逐之。他说："弟不解西文，积十九年之笔述，成译著一百二十三

---

[1] 林纾：《妖梦》，薛绥之、张俊才编：《林纾研究资料》，福建人民出版社1983年6月版，84—85页。

种，都一千二百万言，实未见中有违忤五常之语，何时贤乃有此叛亲蔑伦之论，此其得诸西人乎？抑别有所授耶！"[1]

　　林纾的这些举动，为他的对手制造了打击"国故党"旧文人的机会，而"这班国故党中，现在我们知道的，只有《新申报》里《荆生》的著者林琴南，和《神州日报》的通信记者张厚载两人"[2]。陈独秀既如是说，《每周评论》自三月二日出版的第11期起，批判林纾的火力便明显地加强了。他们不再与他纠缠文法通与不通、翻译专与不专的问题，而是刻意要把他和徐树铮捆绑在一起，指责他借北洋军人之手打击、压迫自己的对立面。周作人首先在《每周评论》第11期《随感录》栏中以"独应"的名义发表了《旧党的罪恶》一文。他在文中谈道："若利用政府权势，来压迫异己的新思潮，这乃是古今中外旧思想家的罪恶，这也就是他们历来失败的根原。至于够不上利用政府来压迫异己，只好造谣吓人，那更是卑劣无耻了。"[3] 接下来的第12期，除了转发林纾小说《荆生》，还配发了短评，题为《想用强权压倒公理的表示》。其中写道："甚至于有人想借用武人政治的威权来禁压这种鼓

---

[1] 林纾：《致蔡鹤卿书》，薛绥之、张俊才编：《林纾研究资料》，福建人民出版社1983年6月版，86—89页。

[2] 陈独秀：《关于北京大学的谣言》，生活·读书·新知三联书店编辑：《陈独秀文章选编》（上），生活·读书·新知三联书店1984年6月版，363页。

[3] 独应（周作人）：《旧党的罪恶》，张旭、车树昇编著：《林纾年谱长编》，福建教育出版社2014年9月版，315页。

吹。前几天上海《新申报》上登出一篇古文家林纾的梦想小说，就是代表这种武力压制的政策的。"[1]

李大钊也站了出来。在这期《每周评论》中，他以"守常"的笔名发表了《新旧思潮的激战》一文。文章"正告那些顽旧鬼祟、抱着腐败思想的人"，如果你们"总是隐在人家的背后，想抱着那位伟丈夫的大腿，拿强暴的势力压倒你们所反对的人，替你们出出气，或是作篇鬼话妄想的小说快快口，造段谣言宽宽心，那真是极无聊的举动"[2]。不久，蔡元培写了《答林君琴南函》，与林纾的来信发表在同一期《北京大学日刊》上。在这封信里，蔡元培用了绝大部分篇幅，为北京大学辩护。在他看来，林纾所作小说，包括写这封信，目的都是为了毁坏北京大学的名誉。他逐一驳斥了林纾对北京大学的指责，列举大量事实，以说明林纾是把谣诼信为实录了。他还重申了自己的办学主张，"循'思想自由'原则，取兼容并包主义"，并且指出，"与公所提出之'圆通广大'四字，颇不相背也。无论为何种学派，苟其言之成理，持之有故，尚不达自然淘汰之运命者，虽彼此相反，而悉听其自由发展"。既然如此，那么，学校的教员，"在校讲授，以无背

---

[1] 短评《想用强权压倒公理的表示》，张旭、车树昇编著：《林纾年谱长编》，福建教育出版社2014年9月版，316页。
[2] 李大钊：《新旧思潮的激战》，短评《想用强权压倒公理的表示》，张旭、车树昇编著：《林纾年谱长编》，福建教育出版社2014年9月版，316页。

于第一种之主张为界限。其在校外之言动，悉听自由。本校从不过问，亦不能代负责任"[1]。

虽说他的复信"辞正义严，分剖事理，至为明白"[2]，但他显然回避了一个严肃而又尖锐的问题，即能否"以积弱归罪孔子"？事实上，林纾的忧虑恰恰在于，如果北京大学都不能有所担当，保护名教还能指望谁呢？因此，他在看到蔡元培的复信之后，又写了《再答蔡鹤卿书》。在此，他以斩钉截铁的语气说："弟所求者，存孔子之道统也。"又提到他的近著《蠡叟丛谈》，并说，这些文章"专以抨击人之有禽兽行者，与大学堂讲师无涉，公不必怀疑"。他还谈到蔡元培"遇难不变其操"，然后表示，"弟亦至死必伸其说。彼叛圣逆伦者，容之即足梗治而蠹化，拼我残年，极力卫道，必使反舌无声，瘈狗不吠然后已"[3]。这几句话说得也算是掷地有声了。但他似乎意犹未尽。第二天，在小说《演归氏二孝子》跋语中，又说到与《新青年》诸君的纠纷："且吾年七十，而此辈不过三十。年岁悬殊，我即老悖颠狂，亦不至偏衷狭量至此。而况并无仇怨，何必苦苦跟追？盖所争者天理，非闲气也。……

---

1 蔡元培：《答林君琴南函》，薛绥之、张俊才编：《林纾研究资料》，福建人民出版社1983年6月版，141页、143页。
2 郑振铎：《中国新文学大系·文学论争集》导言，郑振铎编选：《中国新文学大系·文学论争集》，上海文艺出版社影印本，2003年7月版，7页。
3 林纾：《再答蔡鹤卿书》，江中柱：《〈大公报〉中林纾集外文三篇》，《文献》季刊2006年第4期，84页。

昨日寓书谆劝老友蔡鹤卿，嘱其向此辈道意。能听与否，则不敢知，至于将来受一场毒骂，在我意中，我老康颇顽皮憨立，尚能挽无石之弓，不汝惧也，来，来，来！"[1]

林纾既横下一条心，那些骂他亦挨过他骂的人自然也无可奈何，最终只得把一腔怨气发在法科学生张厚载身上。作为陈独秀去职的代价，张厚载只能被勒令退学。所以，当时便有人说，张厚载不过是这场新旧冲突的牺牲品罢了。可怜张厚载，苦读七八年，自预科读至本科，再有两三个月就毕业了，却罹此厄，实在令人惋惜。林纾见连累了自己的学生，也赶紧公开道歉，承认骂人不对，并写了《赠张生厚载序》来宽慰他，开导他，要他不必太在意毕业与否。诚然，"以学制论，则言毕，以学问论，盖终身无毕时矣"。他进而言道："今生之所遭直除名耳，非有道州之行也。生归，朝其父母于家，处其兄弟，怡怡然，临窗读孔孟之书，亦君子所谓乐也。"[2]

林纾的这番话似有些不近人情，但他深知，新旧之争，势同水火，绝无调和的余地。对张生的遭遇，他除了报以同情，怕已没有气力去为他争辩。他作《劝孝白话道情》，开头

---

1 林纾：《演归氏二孝子》，张旭、车树昇编著：《林纾年谱长编》，福建教育出版社2014年9月版，323页。
2 林纾：《赠张生厚载序》，林纾：《畏庐三集》，《民国丛书》编辑委员会编：《民国丛书第四编94》，上海书店影印本，1992年12月版，14—15页。

借"老道"之口,道出了他的心情:

> 报界纷纷骂老林,说他泥古不通今。谁知劝孝歌儿出,能尽人间孝子心。咳!倒霉一个蠢叟,替孔子声明,却像犯了十恶大罪;又替伦常辩护,有似定下不赦死刑。我想报界诸公未必不明白到此,只是不骂骂咧咧,报阑中却没有材料。要是枝枝节节答应,我倒没有工夫。今定下老主意,拼着一副厚脸皮,两个聋耳朵,以半年工夫,听汝讨战,只挂上免战牌,汝总有没趣时候。[1]

这个时候,装聋作哑,倒也不失为退出"战场"的明智选择。此后,虽然报刊上不时还有声援《新青年》诸君,谴责林纾的文章,但事实上,这场思想文化论争已被围绕北京大学的人事之争所取代。尤其是舆论焦点被巴黎和会外交失败的消息占据之后,五月四日更爆发了要求日本归还青岛的大游行,这场思想文化论争遂暂告一段落。民国十三年(1924)十月九日,清晨两三点钟,即旧历甲子年九月十一日丑时,林纾在北京寓所溘然长逝,享年73岁。按照郑振铎的说法,林纾的逝世,使得人们得到一个公允地认识他,评论他的机会。他撰写的《林琴南先生》,是最早以客观、公正的态度对林纾的是非功过作出评价的文章。他不仅对林纾的

---

[1] 林纾:《劝孝白话道情》,张旭、车树昇编著:《林纾年谱长编》,福建教育出版社2014年9月版,331页。

人格表示赞许，称他"是一个非常热烈的爱国者""一个最劳苦的自食其力的人""是最可令人佩服的清介之学者"[1]。而且，他对林译小说及文学创作的分析和评述，也是客观公允的，有肯定，也指出令人惋惜之处。他总结林译小说在当时的影响和功绩，认为主要表现在三个方面：第一，"中国人的关于世界的常识"，是林译小说所贡献的，是东西方之间的一座桥梁；第二，让中国人了解到，在中国之外也有伟大的文学；第三，打破了小说"小道"的传统见解，造就了翻译世界文学作品的风气[2]。

继郑振铎之后，周作人、刘半农、胡适等，也在不同场合表达了自己对于林纾的敬意，承认他对中国文学是有不可泯灭的功绩的，并后悔当初是过于唐突前辈了。胡适作《五十年来中国之文学》，亦承认他"是介绍西洋近世文学的第一人"，并称林译小说《巴黎茶花女遗事》，"替古文开辟一个新殖民地"[3]。而胡适在读了林纾的《闽中新乐府》之后更强调，年轻人如果"只认得守旧的林琴南，而不知道当日的维新党的林琴南。只听得林琴南老年反对白话文学，而不知道

---

1 郑振铎：《林琴南先生》，薛绥之、张俊才编：《林纾研究资料》，福建人民出版社1983年6月版，150—151页。
2 郑振铎：《林琴南先生》，薛绥之、张俊才编：《林纾研究资料》，福建人民出版社1983年6月版，162—164页。
3 胡适：《五十年来中国之文学》，胡适著，季羡林主编：《胡适全集》第2卷，安徽教育出版社2003年9月版，274页、277页。

林琴南壮年时曾作过很通俗的白话诗——这算不得公平的舆论"[1]。当然，反对的声音并不是没有。钱玄同的《写在半农给启明的信底后面》就表达了对于启明、半农的不满。启明就是周作人。钱玄同称，他不同意周作人在《林琴南与罗振玉》中"扬林抑罗"的做法，他说："今之所谓'遗老'，不问其曾'少仕伪朝'与否，一律都是'亡国贱俘，至微至陋'的东西。"又说："凡遗老都是恶性的。"他责备刘半农，不该乱认前辈，更不能说后辈不可唐突前辈的话。在他看来，前辈的话说得"要是不合理，便应该纠正他，反对他；他如果有荒谬无理的态度，一样应该斥责他，教训他，讥讽他，嘲笑他，乃至于痛骂他；决不可因他是前辈而对他退让"[2]。周作人对于钱玄同的指责是很在意的，很快又作了《再说林琴南》，修正自己先前的说法，责怪"世人对于林琴南称扬的太过分了"，认为他的功绩仅仅在于"介绍外国文学"而已，"再要说出什么好处来，我绝对不能赞成"。即使对于这点功绩，他也有新的看法，他说："我们要记得林琴南译文的代价比别人要大五倍。"也就是说，林译的成绩是靠高稿酬支持的，"如我们忘记了这个特别情形，只是叹美他成绩之多，未免有点不大的当"。至于林纾尊重中国旧礼教，维护纲常伦理的主

---

1 胡适：《林琴南先生的白话诗》，张旭、车树昇编著：《林纾年谱长编》，福建教育出版社2014年9月版，439页。

2 钱玄同：《写在半农给启明的信底后面》，薛绥之、张俊才编：《林纾研究资料》，福建人民出版社1983年6月版，165—167页。

张，他则表示"极端反对"，他说："那正与尊敬张勋康有为的坚持复辟一样，同是大谬误。"[1]

诚然，林纾去世后，尽管新文化运动中部分思想开明的人试图修正对于林纾不很公允的批评，但也止于他对新文学的贡献。他的卫道、尊孔、捍卫古文，无论如何是不被接受的。尤其是他作小说辱骂蔡元培、陈独秀、胡适、钱玄同，更让诸君恼火，久久不能释怀，而指控他想要利用安福部的武人政客来压制新文化运动，也几乎成为定论。随着整个社会，特别是文化的左转，规定反帝、反封建为中国革命的主要任务，对于林纾以及当年新旧冲突的评价，也就更加严酷和不容置疑了。直到20世纪70年代末出版的《中国现代文学史》，仍把这场新旧冲突定性为封建复古派，借助北洋军阀威势，向《新青年》革命势力进行的凶恶反扑。林纾也被归入"清朝的遗老一族"，是保守、顽固的国粹派的代表，他的小说"实际上暴露了封建复古派与封建军阀相勾结，企图以武力镇压新文化运动和文学革命的阴险用心"[2]。

且不说这种评价中的许多内容完全出于主观想象，没有

1　周作人：《再说林琴南》，薛绥之、张俊才编：《林纾研究资料》，福建人民出版社1983年6月版，168—169页。
2　《对以林纾为代表的封建复古派的斗争》，中南七院校《中国现代文学史》编写组，转引自薛绥之、张俊才编：《林纾研究资料》，福建人民出版社1983年6月版，381—383页。

事实依据，即使是他的复古、保守，恐怕也是片面的不实之词。固然，他主张维护纲常名教，反对家庭革命；推崇唐宋古文，反对尽废古书。这在当时或有些不合时宜，但任何一个时代，总会有人坚持一些不合时宜的东西，如果是一个很有包容度的社会，就应该允许不同的声音存在，不能一见到异己的人事，就打算除之而后快。毕竟，时过境迁，今天的我们甚至不能认为，林纾所坚持的一定是毫无意义的。或许真应了林纾当年所言："吾辈已老，不能为正其非，悠悠百年，自有能辨之者。"[1]这句话曾被认为"是当时复古主义者的无可奈何的哀鸣"[2]，然而，百年之后再读此言，诸位的感想又如何呢？是不是觉得，对于林纾和他的主张，有再检讨一番的必要呢？蔡元培没有回答的林纾的问题，也许要由今人来回答了。事实上，这是新文化运动欠下的一笔债，欠债总是要还的，不过早晚罢了。如果诸位不认为我是无事生非，我愿以此文作为引玉之砖。

---

[1] 林纾：《论古文白话文之消长》，转引自刘绶松《与封建复古主义者的斗争》，《对以林纾为代表的封建复古派的斗争》，中南七院校《中国现代文学史》编写组，转引自薛绥之、张俊才编：《林纾研究资料》，福建人民出版社1983年6月版，234页。

[2] 林纾：《论古文白话文之消长》，转引自刘绶松《与封建复古主义者的斗争》，《对以林纾为代表的封建复古派的斗争》，中南七院校《中国现代文学史》编写组，转引自薛绥之、张俊才编：《林纾研究资料》，福建人民出版社1983年6月版，234页。

后记

收集在这里的十几篇文章，都是我近两年写给腾讯网《大家》栏目的。最初，我并没有很明确的想法，只是想把自己感兴趣的人物写出来。像陈洪绶、马致远、俞理初这些人物，已经在我心里存了很多年，苦于一直没有机会表达。所以，很感谢腾讯网《大家》栏目，给了我一个很好的平台，让我有机会实现自己的一点儿愿望。

可人是不大容易满足的。在写来写去的过程中，我就写出了一点想法。我写的这些人物都是文人、士子，他们都生活在历史列车急速转弯的时代。时代风云的剧变，常常会给人们的心理造成强烈的震撼和冲击，进而影响人们的判断和行为。而文人、士子是尤为敏感的群体，他们的反应自然也就比常人更加丰富和复杂。恰恰是这些复杂、丰富的内心世界，让我很着迷，很想一窥究竟。

我选择的人物主要生活在两个时期，一是明末清初，一是清末民初，这两个时期有个共同的特点，即都遭遇了"以夷归夏"还是"以夏变夷"的文化危机。两个时期的不同之处在于，由于满清贵族对华夏文化的认同，前者部分化解了这种危机；而后者，由于时代的进步、西方现代国家的崛起，老大中国遭遇的"夷"，已非昔日所谓的"蛮夷"，此"夷"不仅不打算"归夏"，而且要变"夏"，你不变，就用坚船利炮逼着你变。于是，情况变得复杂起来。在西方文化的冲击下，文人、士子表现各异，其中有不得不变者、有主动求变者，也有顽固不化者或中体西用者，这些都在文章中有所体现。

实际上，对传统的文人、士子来说，这个问题的重要性甚至超过了朝廷的安危。想想曾国藩在《讨粤匪檄》中是怎么说的，他说："此岂独我大清之变，乃开辟以来名教之奇变。"很显然，名教、道统的安危才是他们关心的性命攸关的大事。在这些文人、士子中，也有先知先觉者，后来超越了"夷夏之辩"的困扰，能从人类文明不可逆转的大趋势出发，考虑中国的前途与未来。总之，处在这样的时代，他们无论如何都必须对这个问题有所回应。诚然，每个人的学养不同，品性不同，眼界不同，处境不同，表达的方式和程度也有所不同，但他们所表达的都是真实态度。作为历史叙事，我想我只能尊重他们的选择，尊重事实和真相，不预设立场，不搞先验的标准，不丑化也不美化，不从臆测的前提出发，只从史料基础出发,构建出可信的历史现场。

  自然,这只是我的一点野心,能不能实现,还要由读者去检验。我们现在仍然处在一个剧烈变化中的时代,也面临着深刻的社会转型,因而,听一听历史上这些先贤的声音,了解他们有些怎样的想法和做法,也许是有益的。我的这几篇文章,如果能有这样的一点效果,也就感到很欣慰了。最后,感谢余世存先生慷慨赠序,同时也要感谢天喜文化的几位编辑,没有他们的辛勤劳动,就没有这本小书。

  上述固然简陋,聊以存照而已。

解玺璋

己亥腊月于望京先忧后乐斋

天喜文化策划出品

王朝更迭，洞察世道之下的人心沉浮

世事变迁，明悟君子处世的进退之道

《抉择：鼎革之际的历史与人》有声书

由喜马拉雅主播"声"动演绎

重磅上线，敬请期待

欢迎收听更多精彩有声书

《汴京之围》　　　《光荣时代》　　　《我的1997》

一部帝国的荣辱衰亡史　一部罕见的反特刑侦长篇　一曲激情燃烧的时代颂歌

从声音到文字，分享人类语言

天喜文化